Ayliannha

AF210692

Tausend und ein Leben

Das Erlebnis der Unsterblichkeit

Herstellung und Verlag: Books on Demand GmbH, Norderstedt
ISBN 3-8334-5526-8

www.ayliannha.de

Einleitung

Ewiges Leben - der Traum der Menschheit. Dass dieser Traum eigentlich kein Traum sondern Wirklichkeit ist, wird demjenigen, der Reinkarnationstherapie betreibt sehr schnell klar. Nur – das ewige Leben hat nichts mit unendlicher Beständigkeit des Körpers zu tun, sondern bezieht sich auf die unsterbliche Seele.

Einer westlich geprägten Wissenschaftlerriege beweisen zu wollen, Wiedergeburt – Reinkarnation – sei eine Realität, ist ebenso vergeblich, als hätte man im Mittelalter versucht, der Inquisition zu erklären, dass die Erde um die Sonne kreist.

Die Ansicht, die von einer überwiegenden Menge von Psychiater, Psychologen und anderer -logen vertreten wird ist, dass der Mensch rein materiell existiert und dasselbe ist, wie sein Körper, so dass er aufhört zu existieren, sobald der Körper stirbt. Das „Ich", der geistige Funke, der uns ausmacht, wird als eine Ansammlung von Genen erklärt, deren Zusammensetzung und Anordnung bestimmt, wer man ist und wie man sich verhalten und leben wird.

Nach diesem Weltbild hätte der Mensch keinerlei Handlungs- oder Entscheidungsfreiheit, sondern was immer er täte, es wäre das Produkt aus Genen und Umwelteinflüssen. Genie, Wahnsinn, Vernunft, Kreativität – alles wäre mechanisch entstanden, liefe maschinenartig ab und könnte in der Schlussfolgerung durch kleine technisch-medizinische Eingriffe und die richtige Pille optimiert werden. Aldous Huxley hat dies als eine Horrorvision in seinem Roman „Schöne neue Welt" eindrucksvoll dargestellt.

Die Existenz eines immateriellen Bestandteils des menschlichen Lebens hat in dieser Weltsicht keinen Platz. Und doch können diese Wissenschaftler Liebe empfinden, Freude, Mitleid und Barmherzigkeit. Ein Gen dafür haben sie aber nicht gefunden.

Ist man ein Körper oder hat man einen Körper? Der normale Mensch wird spontan sagen, dass er einen Körper habe, selbst aber immateriell sei, eine Seele.

Was ist also mit dieser Seele? Man wird keine Weltreligion finden, in der es nicht das Konzept der unsterblichen Seele gibt. Was nach dem Tod des Körpers geschieht, wird unterschiedlich dargestellt.

Es gibt viele Gründe, aus denen wir mehr oder weniger bewusst die Tür zu unserer eigenen Vergangenheit schließen. Vieles wird auch vorsätzlich verdrängt. Die Gründe dafür liegen häufig in traumatischen Erfahrungen oder in karmischen Situationen begründet. Solche Verdrängungen treten ja auch in Bezug auf das gegenwärtige Leben immer wieder auf. Und je weiter solche verdrängten Erlebnisse zurück liegen, desto schwieriger ist ein Zugang. Es ist nur logisch, dass dies auf frühere Inkarnationen noch stärker zutrifft, als auf das gegenwärtige Leben.

Ein wichtiger Grund für "Vergessen" ist die in der westlichen Welt kulturell bedingte „Gehirnwäsche". Jede Geburt wird im Europäisch-Christlichen Kulturraum als Neuanfang begriffen, das darauf folgende Leben als eine einmalige Angelegenheit. Der Einfluss der christlichen Religionen hat über Jahrhunderte hinweg unser Denken in so starkem Ausmaß geprägt, dass der normale Christ natürlich "weiß", dass eine Seele nur einmal in ihrer Existenz einen Körper bewohnt.

Der Mensch glaubt also, dass er für seine Entwicklung nur diese einzige Chance hat, die an die Existenz seines zerbrechlichen Körpers gebunden ist. Danach ist Schluss, und der Gott der Christen entscheidet, nachdem er den Menschen hat sterben lassen, dann über dessen ewige Seeligkeit oder Verdammnis.

Das christliche Prinzip der „Einmaligkeit der Existenz" hat natürlich seine Reize, weil es den Menschen der Notwendigkeit enthebt, sich in einem neuen Leben der Verantwortung für seine Taten in früheren Inkarnationen zu stellen, denn alle schlechten Taten aus diesem einen Leben werden dann ohne Chance auf Wiedergutmachung vor dem Jüngsten Gericht verhandelt. Eine Verurteilung auf Bewährung gibt es allerdings nicht.

Im fernöstlichen Raum ist es dagegen ohne Frage, dass unser gegenwärtiges Leben nur das letzte in einer langen Reihe von Inkarnationen darstellt. Jede Inkarnation ist ein weiterer Schritt in der persönlichen Entwicklung und gleichzeitig das Ergebnis früherer Entwicklungen. Es gibt hier keinen Gott, der willkürlich der Entwicklung der Seele ein Ende bereitet, sondern das Individuum wandert solange von einer Existenz zur anderen, bis der zu durchlaufende Lernprozess zu seinem Ergebnis gekommen ist.

Solange das Reinkarnationsprinzip keinen Eingang in das allgemeine Bewusstsein findet, sondern mehr oder weniger in die Esoterik-Ecke geschoben wird, werden also "normale", angepasste Menschen große Schwierigkeiten haben, auch nur die eventuelle Existenz früherer Inkarnationen zu akzeptieren. Folglich werden diese Menschen also jegliche Möglichkeit eines Einflusses bewusster oder unbewusster Erinnerungen an frühere Leben auf ihr jetziges Dasein vehement leugnen.

Es ist aber einfach so, man lebt nur einmal, und das ist ewig. Wo man dann sein ewiges Leben verbringt, ist eine ganz andere Sache.

Das Interesse an früheren Leben wächst heute in unserer Gesellschaft immer stärker. Rückführungen sind in Mode, und ungeachtet der ihnen innewohnenden Gefahren werden sie schon fast zur Party-Unterhaltung.

Wie alles hat aber auch Unsterblichkeit ihre Schattenseiten, denn sie nimmt dem Menschen die Möglichkeit, durch den Körpertod einfach einen Schlussstrich unter die Leiden, die Untaten und die Versäumnisse der Vergangenheit zu ziehen. Die Tatsache, dass man sich nicht an frühere Inkarnationen erinnert, ändert nichts an der Wirkung, die sie auf uns ausüben können.

Hat man seine Erinnerungen jedoch zurückbekommen, kann man in seinem gegenwärtigen Leben seine Verhaltensweisen bewusst und wissend ändern, sofern man es will.

Geht es um psychosomatische Ursachen für mangelndes Wohlbefinden, die jeglicher konventioneller Behandlung durch Arzt oder Heilpraktiker trotzen, kann eine Rückführung durch einen kundigen Therapeuten unter Umständen helfen.

Zum Schluss dieser einleitenden Bemerkungen sei ein Warnhinweis gestattet. Eine Rückführung, besonders wenn sie zu einem Leben führt, das traumatisch verlief oder unter schrecklichen Erlebnissen zu Ende ging, kann das „Opfer" seelisch und körperlich schädigen, oder ihm zumindest für etliche Tage Unwohlsein bescheren, falls sie nicht fachgerecht erfolgt.

Auch ernsthafte psychische Störungen oder gar Geisteskrankheiten gehören nicht in die Hände von medizinischen oder psychologischen Laien.

Allgemeines

Es gibt Menschen, die sich „einfach so" an frühere Inkarnationen erinnern können. Das ist gar nicht so selten, wie man meint.

Spontane Erinnerungen sind häufig zu finden, nur werden sie von den Betroffenen selten als das eingeordnet, was sie sind. Da ordnet man das Erlebnis dann schnell einem Film zu, den man gesehen hat, vergisst dabei jedoch durchaus, dass auch Drehbuchschreiber ihre Ideen von irgendwo holen müssen. Oder man spricht von Déja-vu – Erlebnissen, und manch einer denkt, dass ein Mensch, der einem sehr vertraut erscheint, Ähnlichkeit mit jemandem hat, den man kennt.

Ein Beispiel. Familie S. machte Urlaub in Südspanien. Man besuchte Granada und natürlich auch die Alhambra. Weil Familie S. kein Interesse an Führungen hatte, erkundete sie die Palastanlage allein. Nach ausführlicher Besichtigung wollte man sich noch den berühmten Löwenhof ansehen. Die Zeit war bereits fortgeschritten, bald würden die Wächter alle Besucher hinausschicken.

Da die Familie keinen Führer und keinen Plan für den Palast hatte und nicht wusste, wo der Löwenhof zu finden sein konnte, war man ratlos. Plötzlich sagte Frau S., "Komisch, ich glaube, ich weiß genau, wie wir gehen müssen. Folgt mir."

Sie ging los, völlig zielstrebig, und wenige Minuten später stand man im Löwenhof.

Frau S. kam daraufhin zu einer Rückführung und fand heraus, dass sie zur Zeit der maurischen Besetzung Spaniens im Harem eines der Kalifen gelebt hatte, die damals in der Alhambra residierten.

Obwohl sie zum Zeitpunkt des Urlaubs keinerlei Erinnerung an ihr früheres Leben hatte und allein der Idee von Reinkarnation sehr skeptisch gegenüber stand, konnte sie sich dennoch unbewusst genau genug an diese frühere Existenz erinnern, um problemlos den Weg zum Löwenhof zu finden.

Bei Kindern trifft man spontane Erinnerungen an frühere Leben häufiger an. Mit zunehmendem Alter geht das immer weiter zurück, bis es bei Erwachsen nur noch sehr selten vorkommt. Das liegt nicht zuletzt an den Erwachsenen im Umfeld des Kindes, die sehr oft falsch reagieren, wenn ein Kind z.B. erzählt, "Damals, als ich noch in der großen Stadt gelebt habe, wo alle Leute Englisch reden..."

Die normale Reaktion der Erwachsenen ist in diesem Fall entweder ein betont höfliches "Ja, ja, mein Kind, ist ja gut." oder, weitaus schlimmer,

"Wie oft soll ich dir noch sagen, dass du nicht dauernd solche Märchen erzählen sollst!"

Beide Reaktionen zeigen dem Kind, dass Erinnerungen an frühere Inkarnationen unerwünscht oder schlecht sind. Es wird also erst einmal nicht mehr darüber reden und später dann die Erinnerungen als Träume oder Halluzinationen abtun.

Glücklicherweise kommt in unseren Tagen das Bewusstsein über Reinkarnation und das Interesse an früheren Leben immer mehr aus der Spiritismus-Ecke heraus und jemand, der sich dafür interessiert wird nicht mehr sofort belächelt. Die Zahl der Menschen, die mehr über sich selbst herausfinden wollen wächst. Dadurch wird die Tür zur eigenen Vergangenheit auch nicht mehr so fest verschlossen, denn in dem Maße, wie man sich seiner Erinnerungen an frühere Existenzen gewisser wird, erhöht sich natürlich die Bereitschaft, die Türen zur eigenen Vergangenheit zu öffnen.

Die Ergebnisse einer Rückführung mögen manchmal verblüffend sein, doch wird man sich in seinen früheren Leben selbst wiederfinden, die eigenen Handlungsweisen ebenso wie bestimmte Charakterzüge trifft man immer wieder, aber es kann auch durchaus vorkommen, dass man sich über Hunderte von Jahren hinweg immer bei den selben Fehlern erwischt. Insgesamt ist zu sagen, je mehr man über seine früheren Existenzen erfährt, um so deutlicher tritt die eigene Grundpersönlichkeit hervor, das heißt, um so klarer wird es einem, wie man wirklich ist, welche Fähigkeiten und welches Potential man hat.

Ein anderes Phänomen sind alte Verletzungen oder Krankheiten. Bei etlichen Rückführungen stellte sich heraus, dass Muttermale oder Hautverfärbungen, die ein Klient in seinem heutigen Leben hatte, ein Abbild von Kriegswunden oder ähnlichem in einem früheren Leben waren.

Natürlich wird auch immer wieder die Frage gestellt, ob man denn als Frau im gegenwärtigen Leben früher auch einmal ein Mann gewesen sein könnte oder umgekehrt.

Das ist häufig zu finden. Auswirkungen solcher Geschlechtswechsel können sich sogar im Auftreten in diesem Leben deutlich zeigen.

Sibylle K. zum Beispiel hatte keine Schwierigkeiten eine normale Beziehung aufzubauen, sie war glücklich verheiratet, hatte drei Kinder und war, wie man so schön sagt, völlig normal. Sie hatte allerdings ein relativ forsches Auftreten, einen eher männlichen Gang und fühlte sich in der Gegenwart von Frauen nicht so recht wohl. Kleider und Röcke trug sie nur, wenn es gar nicht anders ging. Die einzigen Frauen, mit denen sie problemlos zurechtkam, waren ihre Kameradinnen aus dem Frauenfußballverein.

Sie machte dann aus reiner Neugier eine Rückführung, in der sich herausstellte, dass sie in mehreren früheren Leben ein Mann gewesen war. In allen diesen Leben war sie beim Militär gewesen, sie war im Grunde ihres Herzens ein richtiger Haudegen.

Als sie das herausgefunden hatte, brach sie in herzliches Gelächter aus und meinte, das würde erklären, warum sie als Kind immer gedacht hätte, mit ihrem Körper stimme etwas nicht.

Auch Menschen, die für einige Zeit einen Tierkörper bewohnt haben, kann es geben.

Bei Bruno S. stellte sich heraus, dass er in einem früheren Leben in Osteuropa durch eine marodierende Räuberbande getötet worden war, und sich nach seinem Tod große Sorgen machte, was nun aus seiner Frau und den Kindern werden sollte.

In seiner Verzweiflung begann er sofort ein neues Leben als Hund und blieb in dieser Inkarnation auf seinem Hof bei seiner Familie, um sie zu beschützen.

Reinkarnationen in Tierkörpern kommen aber eher selten vor. In der Mehrzahl der Fälle bevorzugt die Seele Menschenkörper und auch vorzugsweise immer dasselbe Geschlecht.

Ein weiteres Phänomen, das sich immer wieder zeigt ist, dass es bestimmte Gruppen von Menschen gibt, die sich ein Leben auf das andere in einem relativ begrenzten Umfeld treffen, oft in derselben Familie oder zumindest in demselben Dorf.

Margarethe v. R. stellte bei einer Rückführung fest, dass sie schon seit der späten Römerzeit nicht nur immer wieder in demselben kleinen Ort in der Nähe des Bodensees wiedergeboren worden war, sondern seit dem 15. Jahrhundert immer wieder in der selben Familie.

Sie fand auch heraus, dass sie die Mehrzahl der Mitglieder ihrer Familie aus früheren Leben kannte, dass praktisch der gesamte Familienclan seit Jahrhunderten immer wieder zusammen kam.

Da Margarethe v. R. das einzige Familienmitglied war, das an einer Rückführung teilnahm, ließ es sich leider nicht verifizieren.

Warum Rückführung?

Welche Gründe könnte es für eine Rückführung geben? Abgesehen von Neugier und Unterhaltungswert kommen viele Klienten nicht nur aufgrund psychosomatischer Beschwerden, sondern auch, weil es in ihrem Leben sich ständig wiederholende Schwierigkeiten gibt. Schwerpunkte sind Beziehungsprobleme und Beruf.

In der Mehrzahl der Fälle stellt sich dann heraus, dass sich die jeweils angesprochene Problematik im gegenwärtigen Leben nicht das erste Mal manifestiert, sondern bereits in diesem Leben schon früher auftrat. Tritt man dann in frühere Inkarnationen ein, finden sich auch dort ähnliche Situationen. Es besteht praktisch eine Art von Programmierung, die den Betreffenden zwingt, sich immer wieder in dieselbe Situation zu bringen.

Verfolgt man nun diese Problematik zurück durch die vergangenen Inkarnationen, kommt man an den Punkt, wo sie das erste Mal auftrat. Erst wenn dies erkannt wurde, ist eine Verhaltensänderung beim Klienten möglich.

Hier einige Beispiele:

Isolde B. , 36 Jahre alt, glücklich verheiratet, 2 Kinder, trifft auf einer Party Jörg G., 25, ebenfalls glücklich verheiratet, ein Kind. Jörg G. ist ein gut aussehender, sportlicher Mann, Isolde B. ist etwas füllig, nicht besonders attraktiv und recht träge. Die beiden sehen sich, fallen sich mit Tränen in den Augen in die Arme, küssen sich, als wären sie ein Liebespaar, das sich nach längerer Trennung endlich wieder findet. Dann erschrecken beide, entschuldigen sich verstört bei einander und stellen sich erst einmal vor.

Isolde B., die eine recht bodenständige Frau ist, lacht über die Geschichte und legt sie als Kuriosum ad acta. Jörg G. ist von der Situation regelrecht verstört. Er hat seit dieser Party ständig das Gefühl, Isolde B. vor etwas Bösem beschützen zu müssen, weiß aber nicht genau wovor und dass er ihr treu sein müsse.

Als weitere Folge hat Jörg G. seit der Begegnung mit Isolde B. im Alltagsleben in seiner Familie ständig das Gefühl, er gehöre dort nicht hin, er wäre mit der falschen Frau und deren Kindern zusammen. Als die Situation unerträglich war ließ sich Jörg G. auf Anraten seiner Frau auf eine Rückführung ein.

In der Sitzung stellte sich heraus, dass Jörg G. und Isolde B. während des 30-jährigen Krieges miteinander verheiratet waren, und dass Jörg G., der in jenem Leben Bauer war, eines Tages aufs Feld arbeiten ging, obwohl er wusste, dass sich marodierende Landsknechte in der Gegend aufhielten. Als er am Abend nach Hause kam, fand er seine Frau und seine Kinder ermordet vor, die Kate war abgebrannt.

Auch fortbestehende Zustände von Trauer und Depression können ihre Ursache in desaströs verlaufenen früheren Leben haben.

Werner S. war 51 Jahre alt, eigentlich ein optimistischer Mensch in einer Führungsposition bei einer größeren Firma. Er galt für seine Umgebung als kalt, da es ihm nicht möglich war, seine Gefühle zu zeigen. Werner S. hatte keine Beziehung, da er Angst hatte, eine Beziehung oder gar eine Ehe würden nur Unglück über ihn bringen.

Dazu litt er immer wieder unter Zuständen, wo er von einer abgrundtiefen Traurigkeit erfasst wurde und absolut unfähig war, sich an irgendetwas zu freuen. Diese Zustände traten einmal im Jahr, immer im April, auf und hielten ca. 3-4 Tage an.

Die Ursache lag in einem Geschehnis zur Zeit von Ramses II., also vor ca. 3500 Jahren in Ägypten. Werner S. war mit einer Frau verheiratet, die er über alles liebte und die an Cholera starb. Er wusste, dass er nichts tun konnte, und musste hilflos vier Tage lang zusehen, wie seine Frau starb. Er versteckte seine Trauer damals vor seiner Frau, um ihr den unausweichlichen Tod nicht noch schwerer zu machen. Da er als Schreiber „Geschäftsmann" war, konnte er auch der Umwelt nicht zeigen, wie er sich wirklich fühlte. Diesen Tod der geliebten Frau durchlitt er seitdem jedes Jahr von neuem.

Während der Therapiesitzung löste sich dann die alte Trauer und damit auch die ungeweinten Tränen. Werner S. wurde für annähernd eine Stunde von Weinkrämpfen geschüttelt, dann hörte es auf und er begann über sich selbst zu lachen, als ihm plötzlich klar wurde, das der Grund für seine Depression tausende von Jahren zurück lag und mit der Gegenwart nichts zu tun hatte. Die Anfälle von Traurigkeit kamen danach nicht wieder.

Frühere Inkarnationen können in Einzelfällen auch zu psychosomatischen Krankheiten führen.

Der Fall von Gerda. H. bietet dafür ein gutes Beispiel.

Gerda H. war Stewardess bei einer europäischen Fluggesellschaft. Sie litt häufig unter extremen Verspannungen des oberen Rückens, speziell im Bereich Nacken und Schultern, die es ihr dann unmöglich machten zu arbeiten. Ein organischer Grund war nicht zu finden, die Ursache musste also auf psychosomatischem Gebiet liegen, konnte aber in einer Psychotherapie nicht ermittelt werden.

Auf Empfehlung einer Freundin wandte Gerda H. sich an eine Reinkarnationstherapeutin. Gerda H. war eine typische Skeptikerin. Der Ansatz für die Therapie bestand darin, erst einmal zu ermitteln, wann, bzw. bei welcher Gelegenheit die Schmerzen auftraten. Interessanterweise, so stellte sich heraus, waren sie Flugplan-abhängig, d.h. wenn im Einsatzplan von Gerda H. eine bestimmte Route auftauchte, kamen die Schmerzen, so dass sie nicht fliegen konnte. Und zwar war der Auslöser Paris. Bei weiterer Befragung stellte sich heraus, dass Gerda H. in ihrem ganzen Leben noch nie in Paris gewesen war. Es war jedes Mal irgendetwas gewesen, das es verhindert hatte. Und wann immer der Einsatzplan der Fluglinie einen Aufenthalt in Paris unumgänglich machte, traten die Rückenschmerzen auf.

Bei der Rückführung ergab sich dann, dass Gerda H. während der französischen Revolution unter der Guillotine gestorben war. Gerda H. war in jenem Leben keine Französin gewesen sondern eine Engländerin, die Frankreich bereiste, in die Revolutionsgeschehnisse geriet und aufgrund einer Verwechslung mit einer französischen Adligen hingerichtet worden war.

Nachdem sie dies erkannt hatte, traten die Rückenschmerzen nie wieder auf und Gerda H. konnte nach Paris reisen ohne die geringsten Widerstände. Sie nahm das Ergebnis der Rückführung dankbar auf, ist aber Skeptikerin geblieben.

Ein anderes Beispiel ist Sabine M. Sie ist ein attraktives, achtzehnjähriges Mädchen. Ihr Problem bestand darin, dass sie jedes Mal, wenn sich eine Beziehung zu einem Mann anbahnte, Gastritis bekam.

Bei der Rückführung stellte sich heraus, dass sie vor ca. 150 Jahren die Geliebte eines Landadligen war und von ihm schwanger wurde. Unter dem Vorwand mit ihr fliehen zu wollen, um sie zu heiraten, ritt er mit ihr durch einen Wald, wo sie vom Pferd fiel. (Es konnte nicht genau ermittelt werden, ob der Mann sie gestoßen hatte oder das Pferd nur gestolpert war.) Dieser Sturz führte sofort zu einer Fehlgeburt. Der Mann ritt weiter, und Sabine M. verblutete unter starken Bauchkrämpfen.

Nach der Therapie hatte Sabine M. nie wieder Gastritis und konnte ganz normale Beziehungen haben.

All diese Beispiele dürfen nicht dazu verführen, Rückführungen als ein Heilmittel für tatsächliche oder eingebildete Krankheiten anzusehen.

Rückführungen und Reinkarnationstherapie sind kein Ersatz für normale Heilverfahren, da sie sich nicht an den Körper richten, sondern an das in dem Körper wohnende unsterbliche Wesen.

Der Mensch und seine Festplatte

Es ist allgemein bekannt, dass sich ein Problem umso leichter lösen lässt, wie man Daten zur Verfügung hat. Und zwar richtige Daten. Der größte Datenspeicher, den man hat, ist natürlich die eigene Erinnerung, der eigene Verstand. Wollte man für die Daten, die im menschlichen Verstand angesammelt sind, eine Festplatte konstruieren, würde der gesamte Planet von der Größe her nicht ausreichen.

Der größte Feind der Erinnerung aber ist das Vergessen. Wenn unsere Erinnerungen so einfach und schnell abrufbar wären, wie die Datenspeicher eines Computers, ginge im Leben vieles einfacher.

Gerade im Bereich der zwischenmenschlichen Beziehungen hat sich schon manch ein Mensch gewünscht, die Erfahrungen, auf die er am Ende seines Lebens zurückblickt, in seiner Jugend gehabt zu haben. Wie viele Beziehungen, die man einging, hätte man mit diesem Wissen vermieden und sich dadurch Verluste und Schmerzen erspart.

Unser Verstand ist aber de facto ein Computer, der besser und leistungsfähiger ist, als jeder Großrechner, der je gebaut wurde. Nur – es gibt keinen Computer, der ohne denjenigen, der ihn programmiert und bedient, funktionieren würde. Genau dasselbe gilt auch für unseren Verstand.

Wenn wir bei dem Beispiel des Verstands als Computer bleiben, stellt sich logischerweise die Frage, wer ist denn in diesem Fall der Programmierer, der Bediener, der User (Anwender)?

Die Antwort ist sehr einfach. Das „ICH". Es ist das, was die Religionen – und seit neuestem auch wieder einige Naturwissenschaftler – als „Seele" bezeichnen.

Was tut ein Mensch, dessen Computer kaputt geht und sich nicht mehr reparieren lässt? Er kauft sich einen neuen, spielt seine Software und seine Daten auf und arbeitet weiter. Leider geht das beim menschlichen Verstand nicht so einfach. Aufgrund unserer Indoktrinierung, dass wir nur einmal leben, sind wir bedauerlicherweise gezwungen, nicht nur einen ganz neuen Körper zu „kaufen", sondern wir verzichten zusätzlich auf Teile der Software und auf die Daten mit allen daraus erwachsenden Nachteilen. Einer der größten Nachteile sind dabei die annähernd zwanzig Jahre, in denen wir alles neu lernen müssen, was wir in unserem alten Körper bereits wussten.

Stellen sie sich einmal vor, jedes Mal, wenn sie einen neuen Computer kaufen, ginge ihr gesamtes vorhergehendes Wissen verloren, müssten sie von neuem Lesen und Schreiben lernen, herausfinden, wo die Tasten auf dem Keyboard sind, wie ihre Lieblingssoftware funktioniert, usw. – ein entsetzlicher Gedanke. Und doch findet man sich damit ab, dass genau das geschieht, wenn man nach dem Tod des alten Körpers einen neuen übernimmt.

Aber auch während eines einzigen Lebens gehen immer wieder Daten anscheinend verloren, und obwohl das Gehirn alles, was man wahrnimmt, minutiös aufzeichnet, dreidimensional, mit allen Inhalten, sind die aufgezeichneten Daten häufig nur bruchstückhaft oder auch gar nicht abrufbar, und doch gibt es sie nach wie vor.

Nehmen wir doch nur einmal Erinnerungen an die früheste Kindheit. Sie sind – wenn vorhanden – meistens an besonderen Ereignissen festgemacht, wie einem besonderen Weihnachts- oder Geburtstagsgeschenk, aber auch an traurigen Geschehnissen, etwa dem Verlust des Lieblingskuscheltiers.

Es ist aber fast unmöglich, sich an einen belanglosen Tag zu erinnern. Und doch sind die Informationen vorhanden.

Noch schwerer ist es dann natürlich, Erinnerungen aus vergangenen Leben abzurufen, obwohl man – um bei der Analogie des Computers zu bleiben – die Festplatte von einem Leben zum nächsten mitnimmt.

Jeder, der mit Computern zu tun hat, der dort Daten wie z.B. Briefe oder Fotos abgelegt hat, weiß, wie wichtig ein gutes Ablagesystem ist, aber er hat auch am eigenen Leibe erfahren, wie schwierig es sein kann, einen Datensatz zu finden, mit dem längere Zeit nicht mehr gearbeitet wurde.

Und manchmal verhindert eine neue Software sogar, dass ein Dokument geöffnet werden kann, wenn es schon zu alt ist.

Doch selbst der beste Computer, die leistungsfähigste Festplatte sind natürlich nur in dem Maße hilfreich, wie die abgespeicherten Daten richtig sind.

Allerdings sollte der Anwender auch bereit sein, sich seine Daten anzusehen.

Die Qualität der Informationen

Das wichtigste, das man beim Umgang mit dem Computer, genannt „Verstand", wissen muss ist, dass er nur so gut funktioniert, wie es die Qualität von Daten und Programmen zulässt. Ein alter Slangausdruck aus der Informatik sagt „garbage in – garbage out". Übersetzt heißt das, „Müll rein – Müll raus". Damit wird zum Ausdruck gebracht, dass man nicht erwarten kann, vernünftige Auswertungen von Daten zu erhalten, wenn die Daten falsch oder unzureichend sind.

Dies trifft gerade in der Reinkarnationstherapie besonders auf Daten zu, die nicht auf eigenem Erleben basieren, sondern auf Hörensagen oder Informationen aus den Medien.

Klatsch und Tratsch, Boulevardpresse, fehlerhafte Weitergabe von Informationen, all dies ist keine Erfindung des 21.Jahrhunderts.

Gleichgültig, ob der Klient seine Informationen in diesem Leben aus dem Fernsehen oder in einem früheren Leben von einem umherziehenden Händler oder einem fahrenden Sänger erhalten hat, muss er damit rechnen, dass die Daten fehlerhaft sind.

Gerade wenn man mit einem skeptischen Menschen, der sehr stark daran interessiert ist, Beweise für frühere Existenzen zu finden, eine

Rückführung macht, können einem falsche oder verzerrte Informationen Schwierigkeiten bereiten.

Wohl jeder von uns kennt aus Kindertagen das alte Spiel „Stille Post", wo der erste in einer Kette dem nächsten ein Wort oder einen Satz ins Ohr flüstert und der letzte in der Reihe dann laut sagen muss, was er verstanden hat.

Anders war das in früheren Zeiten mit den fahrenden Bänkelsängern oder Händlern auch nicht. Jeder an der Informationskette beteiligte Mensch gab seine eigene Meinung oder Ausschmückung dazu.

Ein weiterer Faktor in den Erinnerungen ist logischerweise auch die eigene „rosa Brille", die alte Ereignisse in der Erinnerung häufig beschönigt. „Früher war alles besser" – diese Aussage wurde wohl seit Anbeginn aller Zeiten von der jeweiligen älteren Generation immer wieder getroffen.

Selbst wenn es nur um Erinnerungen aus dem gegenwärtigen Leben geht, kann man sich selbst dabei erwischen, dass man z.B. plötzlich feststellt, dass der Garten des großelterlichen Hauses gar nicht so groß war, wie er einem als Kind erschien.

Nehmen wir als anderes Beispiel einen Bagatellunfall im Straßenverkehr oder eine Auseinandersetzung innerhalb einer Familie. Sei es bei Schlichtungsversuchen eines Familienstreits oder bei einer Zeugenbefragung, vergleicht man die einzelnen Aussagen mit einander, könnte durchaus auf die Idee kommen, es mit völlig verschiedenen Vorfällen zu tun zu haben. Der Grund? Jeder sieht die Sache von seiner Warte aus, gleicht das Geschehene mit seinen eigenen Daten, die sich auf der Festplatte befinden ab und wertet es für sich aus.

Auch die eigene Rolle, die man in bestimmten Situationen gespielt hat, ist bei näherem Hinsehen oft nicht so glamourös, wie man es gern gesehen hätte.

Ein gutes Beispiel dafür ist der Fall „Bridey Murphy", der in den sechziger Jahren durch die Presse ging. Eine amerikanische Hausfrau war bei einer Rückführung auf ein Leben in Irland im 18. Jahrhundert gestoßen. Im Laufe der Sitzungen wurde dann immer klarer, dass sie am Anfang der Rückführung in Bezug auf ihr früheres Leben regelrecht angegeben hatte. Mit der Fortdauer der Rückführung schrumpfte der Reichtum, aus der Villa wurde ein Stadthäuschen und ähnliches.

So etwas findet man ja auch im Familienkreis, wenn ältere Familienmitglieder über Heldentaten aus ihrer Jugend berichten. Bei näherem Befragen sind die Erlebnisse dann auch nicht mehr so herausragend, wie sie dargestellt wurden.

Mit der Häufigkeit der Wiedergabe werden die Ausschmückungen gleichzeitig für den Erzähler selbst immer wahrer, so dass man später bei einer Rückführung erst einmal die „Kosmetik" beseitigen muss, ehe man an die wirklichen Vorgänge gelangt.

Auch wenn man in früheren Zeiten dem Adel angehörte, war das Leben kein Zuckerschlecken. Die wenigsten Burgen waren komfortabel, die sanitären Verhältnisse dafür grausam, und Platz gab es auch nicht viel. Sauberes Trinkwasser war eher eine Ausnahme.

Der oder die Betreffende ist dann manchmal unwillig zu akzeptieren, das ein früheres Leben an einem Fürstenhof oder auf einer Ritterburg nicht mit Glanz und Gloria abgelaufen ist, sondern eher bescheiden war, unter schweren Existenzbedingungen, oder sogar als Magd oder Pferdeknecht. Erinnerungen an ein Leben in Saus und Braus sind nun mal schöner, als Erinnerungen an Arbeitstage von 16 Stunden mit ein bis zwei freien Tagen im Jahr.

Das Rätsel der Entschlüsselung

Um sich zu Erinnerungen an frühere Leben Zugang zu verschaffen, muss man erst einmal den Zugang zu den Speichern mit den alten Daten finden. Das ist so ähnlich, als suche man ein Passwort für Datensätze einer älteren Festplatte. Dem Reinkarnationstherapeuten kommt damit im Grunde genommen die Rolle eines Hackers zu, der in einen ihm unbekannten Computer eindringen möchte, aber keine Ahnung hat, ob sich das, nach dem er sucht, überhaupt im Speicher befindet, und falls ja, wo die entsprechenden Daten abgelegt sind.

Da aber jeder Computer bestimmte Grundstrukturen hat, die überall gleich sind, ist es möglich, auch Dateien mit Passwortschutz sichtbar zu machen.

Das ist auch bei den Dateien über frühere Leben in unserer Erinnerung möglich. Der Zugang muss nur entschlüsselt werden. Will man die Datenbanken des menschlichen Verstandes bei einer Rückführung entschlüsseln, bleibt man am Besten beim Beispiel des Computers, da hier die Ähnlichkeiten mit dem menschlichen Verstand am Größten sind.

Wir sollten uns nicht durch Neurologen, Psychologen und ähnliche -logen verführen lassen, Erinnerungen, Fähigkeiten und Fertigkeiten auf bestimmte Bereiche des materiellen Gehirns zu kartieren. Dies führt im Bereich der Reinkarnationstherapie nirgendwo hin, da es hier um einen immateriellen Datenspeicher geht. Das wäre so ähnlich, als würde man die Festplatte aus einem Computer zerren und versuchen, mittels einer Lupe ein an einer bestimmten Stelle abgelegtes Bild zu finden, und das möglichst noch in Farbe.

Häufig beginnt die Enträtselung nur mit einem bestimmten Gefühl, zu dem sich dann, wenn man sich näher damit beschäftigt, vielleicht Geräusche hinzugesellen, dann kommt eine Idee, worum es eigentlich gehen könnte, und erst danach tauchen erste visuelle Konzepte auf.

Eine gute Analogie wäre die Restaurierung eines alten Gemäldes, das übermalt wurde (in diesem Fall durch ein neues Leben mit einem ähnlichen Ereignis), und das durch einen geschickten Restaurator wieder hergestellt wird.

Das Ablagesystem

Wie der Speicher eines Computers hat auch der menschliche Verstand verschiedene Arten der Datenspeicherung. Es gibt allgemein zugängliche Datensätze, die frei verwendbar und auch zu ergänzen sind, es gibt Datensätze mit Schreibschutz, es gibt kleine Unterprogramme (Makros), die bei bestimmten Eingaben einen automatischen Ablauf starten.

Es gibt „Software", die ganze Programme durchlaufen lässt, und es gibt im Betriebssystem versteckte Dateien, die nicht einsehbar und normalerweise nicht veränderbar sind, um den Betrieb des Computers unter möglichst allen Bedingungen sicher zu stellen. In der Informatik werden diese Teile White-Box, Black-Box und Grey-Box genannt.

Die so genannte White-Box enthält alle Daten, die wir im normalen Lebensgeschehen auf unserer „Festplatte" abspeichern. Es sind Daten über Wahrnehmungen von Erlebnissen und Sinneswahrnehmungen, die bei vollem Bewusstsein erfahren wurden. Dieser Datenspeicher wird vom Menschen selbst erstellt und ist eigentlich jederzeit zugänglich. Hier finden wir unsere bewussten Erinnerungen.

Tritt etwas ein, das Handeln erfordert, schaut man in der White-Box nach, ob es schon früher einmal eine ähnliche Situation gegeben hat, und davor vielleicht schon einmal, holt sich die entsprechenden Datensätze, sieht sie durch, wertet ihre Anwendbarkeit aus und tut, was immer nötig erscheint.

Das klingt komplizierter als es ist, da die Abläufe meistens so blitzschnell erfolgen, dass wir uns dessen gar nicht mehr bewusst sind. Nehmen wir ein einfaches Beispiel.

Man schaut morgens aus dem Fenster, stellt fest es regnet. Frühere Erfahrungen mit Regen sagen uns, „Hoppla, wenn ich bei Regen länger im Freien bin, wird meine Kleidung nass". Ein weiterer Erfahrungswert aus der Vergangenheit sagt uns darüber hinaus, dass nasse Kleidung nicht nur unangenehm ist, sondern auch noch schlecht aussieht. Der nächste Schritt ist dann ein Blick in die White-Box, um mögliche Lösungen für die Probleme zu lokalisieren. Wir finden zwei Lösungen: zu Hause bleiben oder einen Regenschirm verwenden.

„Black-Box" steht in der Informatik für versteckte Programme, die dem normalen Anwender nicht zugänglich sind und von denen er im allgemeinen gar nicht weiß, dass sie sich in seinem Computer befinden, die aber jederzeit ablaufen können.

Diese Programme bzw. Dateien sollen aber gleichzeitig sicherstellen, dass im Notfall, also etwa bei einem Systemabsturz, der Computer und die gespeicherten Daten nicht zerstört werden. Ähnlich ist es beim menschlichen Verstand.

Bei der Grey-Box beruht der größte Anteil der Inhalte auf Black-Box-Inhalten. Teile der Programme, die in der Black-Box gespeichert sind, erfordern bestimmte Handlungen oder Verhaltensweisen. Darum müssen entsprechende Daten zum Teil einsehbar sein, damit das jeweilige Programm ablaufen kann. Sie wurden aber von dem betreffenden Individuum als „schreibgeschützt", also „darf auf gar keinen Fall verändert werden!" klassifiziert und arbeiten als eine Art von Standardprogramm unabhängig davon, ob sie sinnvoll sind oder nicht.

Der menschliche Verstand hat wie auch jeder Computer ein sorgfältig ausgeklügeltes Ablagesystem. Dieses Ablagesystem enthält ungeheure Mengen an Querverweisen, wie die „Links" auf einer Webseite, durch welche die abgelegten Informationen vernetzt sind. Jeder kennt das aus vielen Situationen. Ein Beispiel:

Der Duft von Tannennadeln zusammen mit dem Geruch von Zimt triggert in der White-Box sofort die Informationsspeicher, in denen Daten über Advent und Weihnachten abgespeichert sind.

In der Grey-Box wird überprüft, ob die Makros „Weihnachtsgeschenke kaufen" und/oder „Plätzchen backen" anlaufen müssen.

Falls die Black-Box traumatische Erlebnisse bezüglich Weihnachten enthalten sollte, wird sofort das entsprechende Programm gestartet, das vielleicht heißt „ab in den Süden", weil man Weihnachten nicht ausstehen kann.

Sobald der betreffende Mensch aber seine visuellen Wahrnehmungen einsetzt, zum Datenabgleich einen Kalender dazu nimmt, das Programm durch die White-Box laufen lässt und feststellt, es ist Juli, wird die Grey-Box die „Weihnachts-Makros" nicht ablaufen lassen.

Die Black-Box aber wird aufgrund der Annäherung an die alte Situation (als vielleicht der Weihnachtsbaum plötzlich in Flammen stand) trotzdem sofort das Notprogramm starten, und der Mensch fühlt das dringende Bedürfnis sofort seine Urlaubsreise in ein Land, wo es keine Weihnachtsbäume gibt, für Weihnachten zu buchen.

Das Wiedererleben

Bei einer Rückführung gibt es zwei Erscheinungsformen der Erinnerung. Die eine Form ist eher ein Betrachten von außen, so als wäre man in einem Film, 3D, mit Gerüchen und Emotionen. Die andere Form ist ein regelrechtes erneutes Durchleben der Ereignisse, so als wären sie in der Gegenwart präsent.

Während erstere Art des Erinnerns typisch für Erinnerungen ist, die aus der White-Box abgerufen werden, trifft die zweite Art, nämlich das erneute Durchleben, auf Ereignisse zu, die sich in der Black-Box befinden.

Das Durchleben ist nicht immer angenehm, da es ebenso mit emotionellem Aufruhr verbunden sein kann, wie mit körperlichem Unwohlsein.

Erinnerungen, wie sie in der White-Box abgespeichert wurden, sind entweder angenehme Erlebnisse, oder sie sind als neutral oder unwichtig gekennzeichnet, oder aber es handelt sich um Ereignisse, die zwar unangenehm waren, jedoch bereits verarbeitet wurden.

Die Black-Box dagegen enthält Erfahrungen, die extrem schmerzhaft – emotional oder körperlich – waren, und bei denen sich das Bewusstsein ganz oder teilweise abgeschaltet hatte.

Wenn bei einer Rückführung diese Black-Box Inhalte ans Tageslicht kommen, entfalten sie sich nach und nach zu der vollen Wucht, die sie bei der Aufzeichnung ursprünglich hatten. Das kann für den Klienten durchaus auch einmal etwas unangenehm sein. Sieht man eine Rückführung aber nicht nur als Party-Gag, sondern möchte für sich selbst eine Verbesserung der geistigen Lebensqualität erzielen, kommt man um die Arbeit mit der Black-Box nicht herum.

Im Prinzip geht es darum, Inhalte aus der Black-Box in die White-Box umzuspeichern, und zwar genau die Inhalte, die in der Black-Box für die Aufrechterhaltung des Betriebssystems im gegenwärtigen Leben nicht nur unnötig, sondern hinderlich sind.

Um das möglich zu machen, müssen sie zuerst aufgespürt und dann aufgearbeitet werden. Und dazu ist es nötig, diese Erlebnisse noch einmal zu durchleben, und zwar mit allen Höhen und Tiefen, ohne zurückzuweichen.

Bei dieser Arbeit mit der Black-Box kann es dann zu Tränenausbrüchen kommen, wenn es um den Tod des Klienten selbst oder den einer nahe stehenden Person geht; es kann zu körperlichen Phänomenen kommen, wenn der Black-Box Inhalt, der gerade durchgearbeitet wird, Verletzungen oder Krankheiten betrifft. Selbst Bewusstlosigkeit kann wieder zu Tage treten, die sich dann in einem leichten „Wegdösen" manifestiert.

Insgesamt ist aber zu sagen, dass die eben beschriebenen Phänomene weitaus schwächer sind als im ursprünglichen Erlebnis und im Laufe der Sitzung gänzlich verschwinden.

In diesem Zusammenhang ist es interessant zu beobachten, dass manche Erlebnisse, die man in der Black-Box aufgreift, nach dem Wiederdurchleben plötzlich völlig verschwinden, als habe man eine Datei gelöscht. Diese Datei ist dann aber tatsächlich nicht wirklich gelöscht, sondern sie wurde sozusagen in ein anderes Verzeichnis verschoben, nämlich in die White-Box.

In dem Moment, wenn die Dateien, sprich Erlebnisse, erfolgreich von der Black-Box in die White-Box verschoben wurden, kann es nicht mehr zu versteckten Eingriffen in das Betriebssystem kommen, da alles im Bewusstsein abläuft.

Das bedeutet dann für den betreffenden Menschen, dass ihn traumatische Erlebnisse aus früheren Existenzen, die ihm bis dato unbekannt waren, sein Verhalten unbewusst aber gesteuert haben, nun nicht mehr ohne sein Wissen in seinen Handlungen beeinflussen können. Stattdessen stehen ihm die Erlebnisse als Informationen für einen Datenabgleich zur Problemlösung auf bewusster Ebene zur Verfügung.

Zeit

In unserem Datenspeicher erfolgt die Ablage nicht alphabetisch, sondern ist zeitlich eingeordnet. Das kann natürlich – besonders bei einem Klienten, der noch nicht so geübt ist, sich vor allem an einer zeitlichen Abfolge zu orientieren – zu Schwierigkeiten führen.

Heute sind wir es gewöhnt, ständig Kalender und Uhren mit uns zu führen. Zeitmessung ist in unserem Jahrhundert fast zur Besessenheit geworden. Atomuhren, die die Zeit bis zu einem x-tel Genauigkeit ermitteln, Armbanduhren, die über externe Funksignale immer die „richtige" Zeit anzeigen, usw. gehören zum täglichen Leben.

Noch vor 200 Jahren war der Besitz einer Uhr aber selbst in Mitteleuropa (so wie heute noch in weiten Teilen unseres Planeten) einer reichen Oberschicht vorbehalten, während Kalender zumindest die Fähigkeit des Lesens voraussetzten.

Liest man Forschungsberichte aus der Ethnologie, stellt man fest, dass primitive Stämme, die nicht über moderne Messmethoden verfügen, das Vergehen der Jahre an prägnanten Ereignissen festmachen. Auch Berichte aus der Geschichte zeigen das.

Für den „einfachen Mann" ist zum Beispiel der Besuch einer hochgestellten Persönlichkeit im Dorf ein besonderes Ereignis, desgleichen haben extreme Wettersituationen wie Unwetter, Überschwemmungen oder Erdbeben eine Art Marker-Funktion auf der Zeitlinie.

Auch Kriegeshandlungen, Seuchen oder Hungersnöte sind als Geschehen prägnant genug, um als Richtwert für bestimmte Lebenssituationen zu gelten. Das Gleiche gilt selbstverständlich auch für positive Ereignisse wie Krönungen oder andere Feste, die mit reichhaltiger Nahrung oder Steuererlässen verbunden waren.

Für die meisten Menschen ist es heute übrigens noch genauso. Im Zusammenhang mit extremen Ereignissen, wie zum Beispiel dem Angriff auf das World Trade Center kann sich fast jeder noch ziemlich genau an das erinnern, was er gerade getan hat, als er davon erfuhr und die ersten Bilder sah. Und gerade viele Deutsche erinnern sich noch lebhaft an die Tage, als die Mauer fiel. Wenn es aber um genaue Jahreszahlen, Monate und Tage geht, wird es schon verschwommener. Selbst nach so wenigen Jahren wird es schon für etliche Menschen schwierig, sich sofort an das genaue Datum zu erinnern. Das hat mit dem Zeitgefühl zu tun.

Wie konnten die Menschen also zeitliche Abläufe messen?

Die einfachste Einteilung zeitlicher Abläufe sind logischerweise der Aufgang und der Untergang der Sonne. Von einem Sonnenaufgang bis zum nächsten ist ein Tag. Auch die Mondphasen sind eine einfache Möglichkeit der Zeitmessung – man rechnet einfach von Vollmond bis Vollmond. Wenn es aber um ein Jahr geht, oder um Jahreszeiten, Wochen, Stunden, Minuten und Sekunden, ist man auf Geräte oder andere Methoden der Zeitmessung angewiesen. Einfache Beispiele sind Sonnenuhr und Sanduhr.

Nicht zu vergessen ist hier auch der Nachtwächter, der abends regelmäßig seine Runde durch den Ort machte. Es gibt auch Berichte, dass in früheren Jahrhunderten Hausfrauen als Zeitmessung für die Garzeit des Essens eine bestimmte Anzahl von Strophen von Kirchenliedern sangen.

Zusammenfassend kann man sagen, dass Uhrzeit- und kalendermäßige Erinnerungen, selbst Jahreszahlen, so wie wir sie heute haben, in der Reinkarnationstherapie bei Ereignissen aus früheren Jahrhunderten oder gar Jahrtausenden in dieser Form nicht zu finden sind. Da muss anders datiert werden.

Mit einer Uhr gemessen vergeht die Zeit gleichmäßig. Nimmt man aber das eigene Zeitempfinden, sieht die Sache ganz anders aus. Manchmal scheint die Zeit zu fliegen, ein andermal zieht sie sich wie Kaugummi.

Dann können Erlebnisse anscheinend weit weg liegen, die sich erst vor relativ kurzer Zeit zugetragen haben, während man Dinge, die lange zurückliegen, einordnet „als wäre es gestern gewesen".

In unserem Computer – Verstand existiert aber glücklicherweise eine genaue Zeitlinie, auf der die Geschehnisse und Daten korrekt und in der richtigen Reihenfolge abgelegt sind, so dass man unter normalen Umständen jederzeit Zugriff hat.

Zusätzlich zur zeitlichen Ablage gibt es aber auch noch andere Referenzsysteme, wo dann, auch wieder zeitlich geordnet, zum Beispiel alle Daten abgerufen werden können, die mit einer bestimmten Person oder einem bestimmten Ort zusammenhängen, oder wo es thematische und emotionelle Zusammenhänge gibt.

Orte

Je häufiger man bestimmte Plätze, Orte oder Gegenden besucht, umso vertrauter werden sie. Mit der Zeit „kennt man sich aus". Es werden einfach die entsprechenden Aufzeichnungen vergangener Besuche von Strassen oder Landschaften aus der White-Box abgerufen, mit der Umgebung abgeglichen und benutzt.

War man länger nicht an einer Stelle, sei es eine Stadt oder auch vielleicht ein Gebäudekomplex, kann es sein, dass man sich nun nicht mehr richtig auskennt. Das kann daran liegen, dass in der Zwischenzeit gebaut wurde und ganze Straßenzüge anders laufen, oder bei einem Flughafen zum Beispiel ein neues Terminal angebaut wurde.

Franz T. hatte so etwas erlebt. Er befand sich mit seiner Frau auf einer Rundreise durch die französische Auvergne. Sie wollten nicht über Schnellstraßen rasen, sondern einfach nur die Landschaft genießen und überall da anhalten, wo es ihnen gefiel, also fuhren sie fast nur kleine Nebenstraßen entlang.

So kamen sie auch in eine Kleinstadt, die fast original aus dem Barock erhalten war. Franz T. und seine Frau suchten in dem Gewirr der Gassen einen Weg zum Touristenbüro am Marktplatz, um eine Unterkunft für die Nacht zu finden, was sich als fast aussichtsloses Unterfangen erwies.

Plötzlich sagte Franz T. zu seiner Frau, die am Steuer des Wagens saß, „Bieg mal rechts ab, und dann gleich wieder links. Da steht ein Schloss, vielleicht kann man da ja übernachten." Die Ehefrau tat das ohne sich zu fragen, wie ihr Mann darauf kam, denn zu sehen war nichts.

Tatsächlich standen sie mit dem Auto kurz darauf vor einem wunderschönen kleinen Chateau. Leider war es kein Hotel, sondern in Privatbesitz, so dass sie weiter nach einem Quartier suchen mussten.

Erst an dieser Stelle fiel es Franz T. und seiner Frau auf, dass sich etwas Merkwürdiges ereignet hatte, denn Franz T. hatte gar nicht wissen oder erkennen können, dass sich hinter der Straßenecke ein Chateau befand.

Bei einer späteren Rückführung klärte sich das Rätsel dann auf. Im 17. Jahrhundert hatte Franz T. in eben diesem Schloss als Stallmeister gelebt.

Wie bereits in anderem Zusammenhang erwähnt, gibt es immer wieder Situationen, in denen man an einen Ort kommt, den man bereits zu kennen glaubt, ihn aber in diesem Leben noch nie besucht hat, oder umgekehrt Orte, die man, wenn es irgend geht, ohne logischen Grund versucht zu meiden.

Offensichtlich sind die in der White-Box abgelegten älteren Daten nicht mehr so schnell abzurufen, wie die neueren.

Emotionale Zustände

Zu jedem Datensatz, der in der White-Box (und auch in der Black-Box) gespeichert wird, gehören auch die in der Szene erfahrenen Emotionen. Wenn in einem Ereignis in der Gegenwart eine bestimmte Emotion auftritt, wird auch diese in der White-Box mit früheren ähnlichen emotionalen Zuständen abgeglichen.

Das kann dann – besonders im Falle unangenehmerer Erfahrungen – sehr schnell zu Überreaktionen führen. Ein Beispiel: Man steht im Bäckerladen, wartet darauf, an die Reihe zu kommen und jemand drängelt sich rüde vor. Da kann es passieren, dass das Gefühl eines erheblichen Verlustes in einem aufsteigt, man sich völlig hilflos fühlt und den Tränen nahe ist. Das ist natürlich der Situation völlig unangemessen.

Was ist da passiert? In der White-Box wurde blitzartig ein Abgleich mit vergangenen Ereignissen vorgenommen, wo ähnliches schon einmal passiert war. Das könnte beispielsweise so ausgesehen haben:

Man ging als kleines Kind ganz stolz in den Bäckerladen, weil man das erste Mal alleine einkaufen durfte, stellte sich brav in die Schlange, wartete aufgeregt und ungeduldig, dass man endlich an der Reihe war und wurde dann von irgendeinem Erwachsenen gedankenlos zur Seite geschoben, bevor man das Brot kaufen konnte. Ein Kind fängt in solch einer Situation durchaus hilflos an zu weinen, da es sich gegen einen Erwachsenen nicht unbedingt wehren kann.

Davor liegt vielleicht eine Szene aus einem früheren Leben, wo man aufgrund einer Hungersnot geschwächt war, vielleicht auch schon alt und gebrechlich, und wo man bei der Verteilung von Brot weggedrängt wurde, was dann zum Hungertod führte.

Die Hilflosigkeit und Trauer aus diesem Geschehen ist, genauso wie die Hilflosigkeit und Traurigkeit aus der Szene mit dem Kind, in der White-Box abgespeichert und wird zusammen mit den anderen Daten – bewusst oder unbewusst – abgerufen.

Dabei kann es vorkommen, dass nur der emotionale Stress bis ins Bewusstsein der Gegenwart dringt, nicht aber die Szene(n) mit ihrer zeitlichen Einordnung. Der emotionale Stress kumuliert sich aber, und es kommt zur Überreaktion.

White-Box, Grey-Box und Black-Box

Die White-Box und ihre Inhalte

Der Frühlingsspaziergang ist hier abgespeichert, die schönen Erinnerungen an liebe Menschen, Glücksgefühle, aber auch Belanglosigkeiten, Tagesabläufe von Tagen, an denen es nichts Besonderes gab, einfach alles, das man je erlebt hat.

Dazu gehören natürlich auch die nicht so schönen Erlebnisse wie Trennungen und Verluste, Dinge, die man getan hat, obwohl es besser gewesen wäre, sie zu lassen, gute und böse Geheimnisse, kurz, alle Daten über alle Leben, die man je gelebt hat mit ihren Sonnenseiten und Schattenseiten.

Hinzu kommt auch noch, dass es in der White-Box viele Informationen gibt, die man aus den verschiedensten Gründen gar nicht sehen WILL oder die man hinter einem Schild mit der Aufschrift „lieber gar nicht hinsehen" vor sich selbst versteckt hält.

Das Problem ist nur, um dieses Archiv voll nutzen zu können, muss man auch bereit sei, es sich anzuschauen. Und wenn man es sich anschaut, sollte man das ohne Vorurteile und Selbstbetrug tun. Auf den ersten Blick erscheint dies sehr einfach, ist es aber nicht.

Emotionen und ihre Wurzeln

Gefühle spielen in unserem Leben eine sehr große Rolle, sie bestimmen, wie wir mit Situationen und mit anderen Menschen umgehen. Im täglichen Leben durchlaufen wir die ganze Skala der Gefühle in einem ständigen Auf und Ab.

In jedem Erlebnis, jeder Begegnung oder jedem Gespräch, positiv oder negativ, das in der White-Box abgespeichert ist, sind auch die dabei empfundenen Gefühle abgespeichert.

Man kann sich Momente zurückholen, als man voller Glück war, kann sich an den Enthusiasmus bei spannenden Wettkämpfen erinnern, und ebenso kommen Angst oder Trauer zurück, wenn man an die entsprechenden Vorfälle zurückdenkt. Das ist ganz normal.

Beispielsweise treffen wir jemanden, den wir schon kennen. Automatisch werden dann aus der White-Box in Sekundenbruchteilen alle Daten abgerufen, die mit unseren Kontakten zu dieser Person zu tun haben. Blitzartig werten wir aus, ob uns mit dem entsprechenden Menschen angenehme Erinnerungen verbinden, oder ob wir schlechte Erfahrungen gemacht haben. Dementsprechend verhalten wir uns.

Manchmal ist es aber auch ganz anders. Da gibt es Menschen, mit denen „verbindet" uns eine heftige Antipathie, die eigentlich durch nichts gerechtfertigt ist, sie sind uns einfach „unsympathisch" oder wir misstrauen ihnen auf Anhieb, obwohl es aus diesem Leben keinerlei Grund für eine derartige Einschätzung gibt.

Sieht man sich das in der Therapie an, ist es entweder jemand, mit dem man in einem früheren Leben „aneinander geraten" ist, oder der Mensch sieht aus, wie jemand, mit dem man in einem früheren Leben schlechte Erfahrungen gemacht hat.

Obwohl diese alten Informationen für das heutige Leben nicht mehr relevant sind, wirft die White-Box sie aus, egal ob man sich dessen bewusst ist oder nicht, und dazu gehören eben auch die Gefühle von damals.

Gerade, wenn man auf jemanden trifft, den man aus einem früheren Leben kennt – und das passiert häufiger, als man denkt – kann es da durchaus zu unnötigen Verwicklungen kommen.

Nehmen wir als Beispiel den Fall von Elke J., die große Schwierigkeiten mit ihrem Schwiegervater hatte. Sie schilderte mir, der Schwiegervater frage sie ständig aus, was genau ihr Tageslauf sei, ob sie das Haus ordentlich geputzt hätte, was sie mit dem Haushaltsgeld mache. Ein innerer Drang ließ sie diese Fragen auch immer unterwürfig beantworten.

Elke J.'s Mann seinerseits konnte nicht begreifen, warum ihm sein Vater, der eigentlich ein netter, freundliche Mann war, der seine Schwiegertochter durchaus schätzte, immer wieder zu verstehen gab, er traue Elke J. nicht, weil sie eine „dunkle Seite" hätte.

In der Therapie stellte sich dann heraus, dass der Schwiegervater im 16. Jahrhundert ein Priester gewesen war und Elke J. seine Magd, die dann aufgrund einer anonymen Denunziation von der Inquisition eingekerkert wurde.

Elke J. hatte danach ihrem Schwiegervater gegenüber eine wesentlich selbstbewußtere Haltung, bei der sie durch ihren Mann, der über die Therapie informiert war, unterstützt wurde.

Da es keine Möglichkeit gab, den Schwiegervater zu therapieren, wandten Elke J. und ihr Mann dann eine simple Strategie an, in dem sie immer dann, wenn der Vater wieder in seine alte Mechanik verfiel, einfach deutlich darauf hinwiesen, dass Elke J. die Schwiegertochter und nicht seine Haushälterin sei.

Anfangs war der Vater etwas verwundert, brachte dann aber ohne es selbst zu merken seine White-Box auf den neuesten Stand, und die Angriffe hörten auf.

In den Bereich alter Emotionen, die in der Gegenwart nichts zu suchen haben, gehören auch Überreaktionen. Wer kennt nicht die Auseinandersetzungen in Partnerschaften oder Familien, die mit der Anklage beginnen, „Musst du denn immer...".

Normalerweise bezieht sich das „immer" auf eine Serie von Dingen aus diesem Leben, aber häufig sind Ärger oder Wut auch überproportional zum eigentlichen Anlass.

In der Therapie stellt sich dann meistens heraus, dass der übersteigerte Ärger auf einem ähnlichen Erlebnis in einem früheren Leben basiert, wo sie durchaus angemessen war.

Ein Beispiel dafür ist der Fall von Siegfried K., der regelrechte Wutanfälle bekam, wenn sein achtjähriger Sohn ungeputzte Schuhe hatte. Normalerweise war Siegfried K. ein netter, recht umgänglicher Mensch. Nur wenn es um ungeputzte Schuhe ging, rastete er regelrecht aus und versetzte seine Frau und den kleinen Jungen in Panik.

Siegfried K. selbst war über sein Verhalten genauso verstört und verwundert, konnte es aber nicht unter Kontrolle bekommen. Der Grund für seine Wutanfälle war dann eigentlich lächerlich.

In einem früheren Leben, wie sich bei einer Rückführung herausstellte, war Siegfried K. Feldwebel bei der preußischen Armee gewesen, wo bei den Parade-Soldaten blitzende Stiefel extrem wichtig waren. Also musste er seine

Rekruten ständig mit Wutgebrüll dazu bringen, ihre Schuhe blitzblank zu wienern. Für Siegfried K. waren seitdem gut geputzte Schuhe extrem wichtig und nur mit Hilfe von Wutschreien zu erreichen.

Karma und Selbstbestrafung

Mit der Idee der Reinkarnation ist der Begriff „Karma" untrennbar verbunden. Karma bedeutet, dass die Summe der Handlungen in früheren Inkarnationen den Verlauf der jetzigen Inkarnation bestimmt. Die präzise Wirkungsweise dieses Prinzips zeigt sich auch in der Reinkarnationstherapie. „Pech" stellt sich immer wieder als Ergebnis von Handlungen heraus, durch die andere Menschen geschädigt wurden. Bei genauerer Betrachtung ergibt sich, dass der Betreffende dieses Pech herbeigeführt hat, gleichsam um sich selbst dafür zu bestrafen, dass er eine schädliche Tat begangen hat.

Beispiele dafür kann man auch im täglichen Leben finden. Das kleine Kind, das etwas angestellt hat, bei dem es genau weiß, das es nicht richtig ist, wird sich kurz darauf stoßen oder hinfallen. Die Volksweisheit „kleine Sünden bestraft der Liebe Gott sofort" hat das ganz richtig erkannt.

Ein Mensch, der in einer Inkarnation großes Unrecht begangen hat, wird in der nächsten versuchen, es wieder gutzumachen, oder, falls er es in der früheren Inkarnation nicht geschafft hat, bestraft zu werden, wird er versuchen, seine ihm zustehende Strafe im nächsten Leben zu bekommen. Zumindest wird er mit jeder Inkarnation unfähiger, so dass seine Untaten immer mehr an

Schwere verlieren, er aber immer häufiger erwischt und bestraft wird.

Beispiel: Heinrich E. war Versicherungsvertreter. Er hatte große Schwierigkeiten, genug Geld zum Leben zu verdienen. Diese Arbeit hatte er nur angenommen, weil er in seinem früheren Beruf als Polizist wegen „Annahme von Gefälligkeiten" aufgefallen war und durch freiwilligen Weggang seiner Kündigung zuvor kam. Auch als Versicherungsvertreter schaffte er es nicht, ehrliche und anständige Arbeit zu leisten, sondern verärgerte einen Geschäftspartner und Kunden nach dem anderen durch kleine Unregelmäßigkeiten. Das Geld, das er durch dubiose Methoden verdiente, konnte er nicht behalten, sondern gab es zwanghaft sofort wieder aus.

Da seiner Frau auffiel, dass sein Verhalten nicht vernünftig war, brachte sie ihn dazu, eine Reinkarnationstherapie zu machen. Hierbei stellte sich heraus, dass er noch vor wenigen hundert Jahren ein Hochstapler in großem Stil war, der es durch Beredsamkeit immer wieder geschafft hatte, jemanden zu finden, der ihm half, wenn es kritisch wurde. Da er sich aber nicht besserte und auch nicht versuchte, den Schaden wieder gut zu machen, wurde er über vier Inkarnationen hinweg zu einem kleinen Betrüger.

Leider war Heinrich E. nicht fähig, aus diesen Erkenntnissen zu lernen, sondern brach die Therapie stattdessen ab, bevor sie abgeschlossen war. Er ließ sich scheiden, wurde der Liebhaber einer vermögenden Frau, die um einiges älter war als er, die ihn aber bald hinauswarf, weil er sie ständig betrog. Danach rutschte er dann rapide weiter ab und wurde kurze Zeit später wegen Urkundenfälschung in mehreren Fällen verurteilt.

Ein anderer Aspekt ist das schlechte Gewissen. Man hat etwas getan oder unterlassen, das anderen geschadet hat und hofft nun, dass es nicht herauskommt.

Das Kind, das die Hausaufgaben nicht gemacht hat und nun fürchtet, der Lehrer könnte es merken, gehört ebenso in diese Kategorie wie der Teenager, der zu spät nach Hause gekommen ist und sich heimlich in sein Zimmer geschlichen hat.

Gleichgültig, ob es Banalitäten oder Kapitalverbrechen sind, das schlechte Gewissen ist – außer bei pathologischen Fällen ohne Unrechtsbewusstsein – immer vorhanden. Und es ist zusammen mit den Informationen über das eigentliche Ereignis auf der Festplatte abgespeichert, auch bei früheren Inkarnationen.

Das kann dann in diesem Leben dazu führen, dass man sich in der Gegenwart von bestimmten fremden oder vertrauten Menschen unbehaglich oder „erwischt" fühlt, ständig in einer Art von Abwehrverhalten lebt und schnell das Gefühl hat, angegriffen zu werden. Das Gegenüber versteht häufig gar nicht, was los ist, da es keinen Grund für solch ein Verhalten gibt.

Sieht man sich diese Problematik dann in der Rückführung an, kann sich ohne weiteres herausstellen, dass man diesem Menschen in einem früheren Leben Schaden zugefügt, es aber nicht wieder gut gemacht hat. Dahinter kann eine nie aufgedeckte eheliche Untreue stecken, aber auch Diebstahl oder Mord, die nicht gesühnt wurden.

Ein gutes Beispiel dafür ist die Geschichte von Frauke T., die ständig an Männer geriet, von denen sie betrogen, ausgenutzt und dann verlassen wurde, wobei sie stets das Gefühl hatte, es geschähe ihr nur recht.

Bei einer Rückführung stellte sich dann heraus, dass sie im zweiten Jahrhundert im römischen Reich gelebt hatte, wo sie sich als Kurtisane an Legionäre heran gemacht hatte, die wohlhabend von Kriegszügen zurückkamen. Frauke T. spielte ihnen die große Liebe vor, ließ sich aushalten, bis die Kriegsbeute verbraucht war und nahm sich dann den nächsten Legionär vor.

Ihr Verhalten im gegenwärtigen Leben war so eine Art von Selbstbestrafung.

Bei Rückführungen findet man Bestrebungen zur Selbstbestrafung häufiger. Manch ein Mensch, der in einem Leben kriminell oder gewalttätig war, findet sich dann im nächsten Leben – oder auch mehreren – in einer Opferrolle wieder, wo er dann seine Sünden abbüßen kann.

Christoph D. ist im gegenwärtigen Leben in der Friedensbewegung und engagiert sich im Minderheitenschutz.

Weil er ständig das Gefühl hatte, eigentlich ein furchtbar schlechter Mensch zu sein, der es nicht verdiente, sich Mitglied der menschlichen Gesellschaft zu nennen und unter Schuldkomplexen litt, die durch sein gegenwärtiges Leben nicht gerechtfertigt waren, entschloss er sich auf Anraten eines Freundes zu einer Rückführung, wobei sich folgendes ergab:

Christoph D. hatte im späten 19. Jahrhundert in Deutsch-Südwestafrika, dem heutigen Namibia, als Kolonist gelebt. Er nahm als Soldat der deutschen Kaiserlichen Streitmacht an der Niederschlagung des Herrero-Aufstandes teil, wobei es zu übelsten Ausschreitungen und Kriegsverbrechen gegen die eingeborene schwarze

Bevölkerung kam. Er starb 1918 an einem Kopfschuss.

1923 wurde Christoph D. in Tschechien als Zigeuner wiedergeboren und schloss sich schon als Junge der Widerstandsbewegung an. 1940 wurde er von der Gestapo gefasst und starb während der Folter.

Dann folgte ein sehr kurzes Leben, in dem Christoph D. 1943 geboren wurde als Kind einer Jüdin in einem KZ in Brandenburg, die von einem Aufseher vergewaltigt worden war. Als 1945 die Russen einmarschierten und das KZ besetzten, erschlugen sie Mutter und Sohn als Kollaborateure.

Im gegenwärtigen Leben wie in den vorhergehenden hatte Christoph D. immer wieder versucht seine Kriegsverbrechen aus seinem Leben in Namibia wieder gut zu machen.

Rache

Das ganze gibt es aber auch mit umgekehrten Vorzeichen. Jemand, dem übel mitgespielt wurde, wählt in einem späteren Leben eine Rolle, in der er das zurückzahlen kann, was man ihm angetan hat. Aus dem Opfer wird ein Täter. Das läuft natürlich unbewusst ab, aber ist in mehr oder weniger starkem Ausmaß bei fast jedem Menschen vorhanden.

Es kommt auch vor, dass zwei Menschen durch mehrere Inkarnationen hindurch versuchen, gegenseitig mit sich abzurechnen.

Ein solcher Fall war das Ehepaar Nico und Rina S. Sie kamen zu einer Rückführung, weil zwischen ihnen eine Art von Hassliebe bestand. Die Liebe war stark genug, dass sie unfähig waren, sich zu trennen, selbst eine Eheberatung hatte nicht geholfen. Gleichzeitig konnten sie keinen Tag miteinander verbringen ohne wie Furien aufeinander loszugehen.

Bei der Rückführung trat dann zu Tage, dass es schon ihre vierte gemeinsame Ehe war. In der ersten Ehe hatte der Mann seine Frau getötet, die damals eine reiche Bauerntochter war, weil er an ihren Besitz wollte, um mit einer der Mägde auf dem Hof eine Beziehung einzugehen.

In der zweiten Ehe war es dann genau umgekehrt. Er hatte ein gut gehendes Handelshaus in Norddeutschland. Seine Frau wollte das Geld mit einem jüngeren Liebhaber durchbringen und vergiftete ihren Mann.

In der dritten Ehe gab es nur Zank und Streit, weil beide vor der Eheschließung dem Partner vorgegaukelt hatten, reich zu sein, während in Wirklichkeit beide arme Schlucker waren. Diese Ehe bestand fort, bis die Frau während einer Choleraepidemie starb.

In der Ehe in diesem Leben hatten beide Partner ständig das Gefühl, von der anderen Seite betrogen zu werden und sich in Lebensgefahr durch den anderen zu befinden. Sie belauerten sich wie streitsüchtige Kampfhunde und beim kleinsten Anlass flogen die Fetzen.

Nach der Rückführung hatten beide erst einmal an der Situation zu knabbern, konnten dann aber die früheren Existenzen loslassen und in der Gegenwart eine einigermaßen glückliche Ehe führen.

Zerstörtes Selbstbewusstsein

Jeder hat schon einmal einen Menschen getroffen, der eigentlich nett, begabt und gut aussehend ist, aber nichts aus sich macht und mit gesenktem Kopf wie ein armer Sünder herum läuft. Solche Menschen haben dann auch kaum irgendein Selbstwertgefühl. In ihrem gegenwärtigen Leben gibt es dafür keinen erkennbaren Grund, und doch sind sie regelrecht eingeschüchtert.

Cilly S. war so ein Fall. Sie war ein attraktives neunzehnjähriges Mädchen, hatte gerade ihr Abitur mit guten Noten bestanden und wollte nun ein Medizinstudium beginnen. Obwohl sie alle Qualifikationen besaß, litt sie ständig unter dem Gefühl, nicht auf eine Universität zu gehören.

Als sie am ersten Tag des Semesters den Hörsaal betrat, bekam sie eine Panikattacke. Sie fühlte sich untauglich und als Betrügerin und hatte Angst, wieder fortgeschickt zu werden, falls jemand herausfände, wer sie wirklich war. Falls das geschähe, würde sie mit Schimpf und Schande weggejagt werden, ihre Familie würde sie verstoßen und ähnliches.

Als logisch denkender Mensch schob sie diese Angstgefühle weg und begann ihr Studium. Doch das Gefühl unerwünscht und untauglich zu sein kam immer wieder, zusammen mit der Angst, eingesperrt zu werden.

Bei der Rückführung stellte sich dann heraus, dass Cilly S. im 18. Jahrhundert, als sie in Italien lebte, den brennenden Wunsch verspürt hatte, Ärztin zu werden, aber zu der Zeit durften Frauen nicht Medizin studieren.

Alle Versuche, auf legale Art und Weise als Frau für ein Medizinstudium angenommen zu werden scheiterten, immer wieder wurde sie mit der Begründung abgewiesen, Frauen taugten nicht für höhere Bildung, sie solle lieber heiraten und Kinder bekommen. Auch ihre Eltern waren dagegen und versuchten ihre Tochter „zur Vernunft zu bringen".

Also hatte sie Männerkleidung angezogen und sich mit gefälschten Papieren einen Platz in der Universität erschlichen. Ihre Patentante hatte sie dabei ohne Wissen der Familie unterstützt, in dem sie vorgab, Cilly S. wäre bei ihr zu Besuch, damit man einen Mann für sie fände.

Im zweiten Semester flog der Betrug auf, Cilly S. wurde mit Schimpf und Schande von der Universität gejagt. Ihre Eltern steckten sie in ein Kloster, wo sie bis zu ihrem Lebensende in der Krankenpflege tätig war.

Bei Rückführungen wird man immer wieder frühere Leben finden, in denen Menschen versklavt oder herumgestoßen wurden, wo ihnen durch Mitmenschen oder Gewaltherrschaft jegliches Selbstwertgefühl genommen wurde.

Ob es die Magd ist, die von einem bösartigen Dienstherren erniedrigt wurde, der Junge, den man in die Marine gepresst hat, unerwünschte Kinder, die von ihren Eltern kein gutes Wort hören, sie alle schleppen unter Umständen das Gefühl, minderwertig zu sein von einem Leben zum nächsten mit. Und im gegenwärtigen Leben haben sie auf Grund des Vergessens keine Ahnung, woher dieses Gefühl kommt.

In diesen Bereich gehört auch Mobbing. Manch ein Mobbingopfer wäre keins, gäbe es nicht bereits ähnliche Situationen aus der Vergangenheit, die ihnen das unbewusste Gefühl der Wehrlosigkeit suggerieren.

Der Grund für dieses Gefühlt der Wehrlosigkeit ist eine Art von geistigem Vampirismus. Eine Person (oder auch ein politisches System) in der Vergangenheit hat durch ständige Knechtung und Unterdrückung seinem Opfer beigebracht, dass auch nur der Versuch einer Gegenwehr völlig sinnlos ist. Der Mobber saugt sich am Leiden seines Opfers regelrecht voll, bekommt dadurch regelrechte Glücksgefühle, fast wie ein Drogenabhängiger bei seiner jeweiligen Droge.

Die Zahl der Fälle, bei denen man so etwas mehr oder weniger ausgeprägt findet, ist groß.

Ein Beispiel ist Ameli M., die in einer entsetzlichen Ehe lebte. Ihr Mann ging ständig fremd, überwachte aber jeden ihrer Schritte und warf ihr immer wieder Untreue vor. Er warf beider Geld mit vollen Händen aus dem Fenster, so dass sie völlig verschuldet waren. Darüber hinaus war er Trinker, und wenn er betrunken nach Hause kam, schlug er sie. Ameli M., die eine intelligente Frau war und als Chefsekretärin arbeitete, schaffte es einfach nicht, dieser Hölle zu entrinnen.

Sie hatte das Gefühl, dass sie bei einer Flucht nicht weit kommen könnte und dann alles zu Ende sein würde. Wenn sie einmal fast so weit war und ihren ganzen Mut zusammen nahm, um ihrem Mann zu sagen, dass sie sich trennen würde, schaltete er plötzlich auf Charme um, war der netteste Mensch unter der Sonne und bat sie auf Knien um Verzeihung, wobei er alles auf seinen Alkoholismus schob. Und der käme nur daher, dass Ameli M. ihn nicht wirklich liebte und eine kalte und frigide Frau wäre.

Ameli M. war unfähig, dem etwas entgegen zu setzen, ja, glaubte ihm sogar, schob die Schuld sich selbst zu und der ganze Teufelskreis begann von neuem.

Als eine Freundin sie zu einer Rückführung überredete stellte sich heraus, dass Ameli M. in ihrem vorherigen Leben Französin im Widerstand gewesen war. Sie wurde geschnappt und in ein Gestapo-Gefängnis gebracht, wo sie wochenlang verhört wurde.

Der Gestapomann, der sie verhörte, war häufig betrunken, schlug und vergewaltigte dann die weiblichen Gefangenen und beschimpfte sie auf das Übelste.

Das Aussehen des jetzigen Ehemanns von Ameli M. ähnelte stark dem Aussehen des Gestapomannes aus dem letzten Leben, so dass die alte Angst und Hilflosigkeit immer wieder einsetzten, sobald sich das Verhalten des Ehemanns dem des Nazischergen annäherte.

Nach der Rückführung, die mehrere Sitzungen in Anspruch nahm, ließ sich Ameli M. endlich scheiden.

Dies ist natürlich ein besonders krasser Fall. In vielen anderen Fällen kann man aber ähnliche, mildere Erscheinungsformen finden.

Doch auch derjenige, der andere „runtermacht", einschüchtert, unterdrückt, muss nicht immer nur Täter aus Boshaftigkeit sein.

Der Grund liegt möglicherweise in einer früheren Existenz, wo diese Person selbst Opfer von Mobbing war und nun die Methode als eine Art von Überlebensstrategie verwendet, um selbst siegreich zu sein.

Die Black-Box und ihre Inhalte

Der menschliche Geist ist außerordentlich belastbar, und doch gibt es immer wieder Situationen, in denen er überlastet wird. Das Resultat ist, dass wir uns einfach auskoppeln. Dies geschieht in Form von Bewusstlosigkeit, wobei die Dauer des bewusstlosen Zustandes der Stärke der Überlastung entspricht.

So ein Fall kann bereits eintreten, wenn man sich zum Beispiel mit einer Nadel in den Finger sticht. Für einen winzigen Zeitraum konzentriert sich unser gesamtes Bewusstsein auf diesen Schmerz und wir nehmen das, was um uns herum geschieht nicht wahr. Bei größeren Verletzungen wird auch der Zeitraum länger, in dem wir außer dem Schmerz nichts wahrnehmen. Ist der Schmerz übermächtig, wird auch er aus dem Bewusstsein ausgeblendet und es tritt dann das ein, was in der landläufigen Definition unter Bewusstlosigkeit verstanden wird.

Man sollte nicht den Fehler machen, die Black-Box als „Unterbewusstsein" oder „unbewusst" zu klassifizieren, denn sie ist der einzige Teil unserer Festplatte, der immer „bewusst" oder wach ist. Hier liegt das grundlegende Betriebssystem, das erst mit dem Tod des Körpers „heruntergefahren" wird, oder auch abstürzt.

Das ist genauso wie beim Computer, wo nicht alles aufhört zu laufen nur weil ein einzelnes Programm abstürzt. Das Betriebssystem funktioniert unsichtbar für uns weiter.

„In ihr brach eine Welt zusammen, als sie erfuhr, dass ihr Mann sich scheiden lassen will." Oder „Alles kam in ihm zum Stillstand, als er vom Tod seiner Schwester erfuhr." Aussagen wie diese sind uns wohlbekannt.

Sie geben genau das wieder, was geschieht, wenn man einen lieben Menschen, oder auch nur ein geliebtes Haustier, plötzlich verliert.

Sobald die Information die White-Box erreicht, kommt es zu einer Art von Abschalten der normalen Wahrnehmungen, als würde ein Datenspeicher überlastet, und die Black-Box übernimmt die Kontrolle, damit die Programme, die für das Überleben des Körpers unbedingt nötig sind, nicht gestoppt werden.

Die Aufzeichnung der Geschehnisse geht aber weiter, allerdings nicht mehr in der White-Box, sondern in der Black-Box.

In diesem Zustand macht das Bewusstsein so zu sagen völlig "dicht". Es schaltet ab. Da sich der menschliche Geist aber selbst schützt, schaltet er eine Art von Notprogramm ein, um weiter aufzeichnen zu können, was geschieht. Dieses Notprogramm bezeichnen wir als Black-Box. Hier sind die Unterlagen abgespeichert über das, was während der durch Überlastung entstandenen während der durch Überlastung entstandenen Bewusstlosigkeit geschah. Solch eine Bewusstlosigkeit kann auch medikamentös induziert sein wie z.B. bei einer Narkose, oder sie wird durch Drogen- bzw. Alkoholmissbrauch hervorgerufen.

Die Black-Box ist unter normalen Bewusstseinszuständen nicht wahrnehmbar. Nähert sich aber eine Situation im Leben einer früheren Situation an, in der es zu einer Bewusstlosigkeit kam, kann es geschehen, dass die Black-Box die Steuerung des normalen Bewusstseins übernimmt und uns zwingt, möglichen Schaden zu vermeiden.

Ein Beispiel:

Jemand ist als Kind beim Ballspiel hingefallen, mit dem Kopf aufs Straßenpflaster geschlagen und hat sich eine leichte Gehirnerschütterung zugezogen. Im selben Augenblick, als dieser Unfall geschah, fuhr eine Straßenbahn unter lautem Klingeln vorbei. Dies ereignete sich an einem trüben, leicht regnerischen Tag. Die einzige bewusste Erinnerung, die im Erwachsenenalter geblieben ist besteht darin, dass man vage weiß, man ist mal hingefallen und hatte eine leichte Gehirnerschütterung.

Dreißig Jahre später geht dieser Mensch aus dem Haus, weil er etwas zu erledigen hat. Wieder ist es ein trüber, leicht regnerischer Tag. Vor dem

Haus spielen Kinder Ball, eine Straßenbahn fährt laut klingelnd vorbei. Der Mensch hat plötzlich Kopfschmerzen. Möglicherweise bringt er sich nun aus der "Gefahrenzone", indem er aufgrund der Kopfschmerzen umkehrt und wieder in seine Wohnung geht.

Was ist hier geschehen? Die Situation der Gegenwart war so stark jenem Sturz in der Kindheit angenähert, dass die Black-Box eingriff und zur "ultimativen" Warnung die alten Kopfschmerzen reproduzierte, sozusagen als Warnsignal.

Dies ist ein stark simplifiziertes Beispiel. Die Wirkungsweise der Black-Box ist häufig wesentlich vielschichtiger, besonders, weil die Warnsignale nicht nur aus dem gegenwärtigen Leben stammen. Die Black-Box ist ein relativ simples Ding und stammt vermutlich noch aus Zeiten vor dem Homo Sapiens. Sie leitet uns zu Instinktverhalten an. Eine Fähigkeit zur Differenzierung gibt es in diesem Bereich des Unterbewusstseins nicht. Aber alles, was während der Abwesenheit des Bewusstseins erlebt wird, zeichnet die Black-Box minutiös auf und lässt es dann später in angenäherten Situationen als Teil der Standardsteuerung ablaufen, wobei der „Besitzer", der Mensch, keine Eingriffsmöglichkeit hat, ja nicht einmal weiß, dass sie überhaupt existiert, geschweige denn, was ihr Inhalt ist.

Da während einer Bewusstlosigkeit praktisch immer die Augen geschlossen sind, fehlt in der Aufzeichnung natürlich meist der visuelle Aspekt. Dafür werden aber andere Sinneswahrnehmungen wie Hören, Fühlen und Riechen akribisch aufgezeichnet. Es gibt z.B. inzwischen eine Vielzahl von Berichten über Patienten, die nach der Narkose berichten konnten, was die Ärzte während einer Operation gesprochen hatten.

Mit der gleichen Technik, die bei einer Rückführung zur Verwendung kommt, kann ein guter Therapeut selbstverständlich auch die im gegenwärtigen Leben in der Black-Box abgespeicherten Daten wieder verfügbar machen.

Da die Black-Box im Grunde ein atavistisches Instrument ist, das aus einer Zeit stammt, als in Krisensituationen anstelle logischen Denkens der Instinkt das Verhalten bestimmte, ist sie zur Differenzierung nicht fähig.

Ist etwa die Kombination von Straßenbahngeräusch und spielenden Kindern mit Kopfschmerzen abgespeichert, können Kopfschmerzen bei einer Kombination der beiden Geräusche immer wieder produziert werden. Wohnt jemand mit so einem Datensatz in der Black-Box an einer Straße, wo Straßenbahnverkehr herrscht und Kinder spielen, ist es durchaus möglich, dass der Betreffende seine ständigen Kopfschmerzen auf den Lärm der spielenden Kinder zurückführt und versucht, die Kinder zu vertreiben.

Auslöser für die Steuerungsübernahme durch die Black-Box sind aber wie bereits gesagt nicht nur Geräusche; auch Gerüche oder Berührungen können Speicherungen aktivieren.

Die in der Black-Box gespeicherten Inhalte haben immer mit traumatischen Ereignissen zu tun. Ereignisse, die irgendwie noch analytisch zu verarbeiten sind, weil das Bewusstsein nicht abgeschaltet war, finden sich in der White-Box. Auch jene Teile traumatischer Erlebnisse, die nicht den Schmerz, sei er seelisch oder körperlich, unmittelbar betreffen, also Informationen über Zeit, Ort und Hauptakteure sind in der White-Box zu finden, nicht aber jene Anteile, die in die Zeit der Bewusstlosigkeit fallen.

Sprache in der Black-Box

Wie bereits eingangs erwähnt, zeichnet die Black-Box alles auf, was in einer Phase eingeschränkten Bewusstseins oder während einer Bewusstlosigkeit in der Umgebung vorgeht. Dazu gehört auch alles, was gesprochen wird. Diese Wortinhalte können wie posthypnotische Befehle wirken.

Das können Sätze sein, die nach einem Unfall gedankenlos dahin gesagt werden wie etwa „Du bist aber auch blöde!". Wenn man Pech hat, legt die Black-Box das dann unter Umständen im Betriebssystem ab und der Mensch fühlt sich ständig dumm.

Es kann aber auch sein, dass sich dieses Gefühl, blöde zu sein immer in der Gegenwart von Personen zeigt, die eine ähnliche Stimmfärbung besitzen, wie der ursprüngliche Sprecher.

Dina S. beispielsweise war eine schlanke, sportliche junge Frau, die für ihr Leben gern reiten wollte, es sich aber nicht zutraute, da sie der festen Meinung war, sie sei zu plump und ungeschickt, um ein Pferd auch nur besteigen geschweige denn reiten zu können.

Bei der Rückführung stellte sich dann heraus, dass sie im 19.Jahrhundert einen ausgesprochen cholerischen Vater hatte, der ständig an ihr herumnörgelte.

Bei einem Ausritt zusammen mit ihrem Vater wurde sie von ihrem Pferd abgeworfen. Als sie daraufhin bewusstlos am Boden lag, schrie ihr Vater sie an, „Du plumpe Kuh bist doch einfach unfähig. Sogar zum Reiten bist du zu ungeschickt!"

In Verbindung mit dem Schmerz aus dem Sturz – Dina S. war mit dem Kopf auf einen Stein aufgekommen und hatte eine Gehirnerschütterung – und der Bewusstlosigkeit hatte sich die Black-Box eingeschaltet und die Beschimpfung durch den Vater im Wortlaut aufgezeichnet.

Die Information, dumm und plump zu sein, war in die Software für den Umgang mit Pferden integriert worden, sodass sie ein fester Bestandteil des betreffenden Programms wurde.

Jedes Mal, wenn Dina S. mit dem Gedanken spielte, Reitunterricht zu nehmen, sprang in der Black-Box das Programm „Reiten" an, das auch die „innere Gewissheit" beinhaltete, dumm und plump zu sein.

Ein ähnliches Problem hatte auch Paul M., der ein begeisterter Partygänger war, sehr extrovertiert, immer von einem Scharm von Leuten umgeben. Er war charmant, beliebt und hatte einen interessanten gut bezahlten Job. Und doch hatte er ständig das Gefühl, niemand interessiere sich für sein erbärmliches Leben, es sei sowieso für alles zu spät, und er würde binnen kürzester Zeit von allen vergessen an Hungers sterben. Deshalb hatte Paul M. panische Angst vor dem Alleinsein.

Der Grund fand sich in einem früheren Leben, als Paul M. zur Zeit der großen Hungersnot als Bauer in Irland gelebt hatte. Durch mehrere aufeinander folgende Missernten war er auf seiner kleinen Farm, wo er allein lebte, verhungert.

Als er schon im Sterben lag, fand ihn eine Nachbarin, die zu dem bereits bewusstlosen Mann sagte, „Dich hat man auch vergessen. Aber nun ist es zu spät."

Auch hier hatte die Black-Box den Wortinhalt ins Betriebssystem übernommen und Alleinsein gleichgesetzt mit Verhungern und einsamem Tod.

Es kommt bei Rückführungen immer wieder vor, dass man Sätze findet, die zu bewusstlosen Menschen, die anscheinend nichts mitbekamen, gesagt wurden. Diese Sätze wurden von der Black-Box gespeichert, als wichtiges Programm in das Betriebssystem aufgenommen und führten danach zu irrationalem Verhalten.

Schwere Verluste

Wenn man einen geliebten Menschen verliert, z.B. durch Trennung oder Tod, kann es sein, dass man unmittelbar nach dem Empfang der Nachricht in einen traumartigen Zustand verfällt, der sich durchaus über mehrere Tage erstrecken kann.

Es gibt immer wieder Aussagen, wo sich jemand vom Empfang der Todesnachricht an bis nach der Beerdigung an nichts erinnern kann, was er in dieser Zeitspanne getan hat. Hier hat die White-Box ausgesetzt, und die Inhalte wurden stattdessen von der Black-Box aufgezeichnet. Sie sind zwar mittels Nachdenken oder Erinnerung nicht mehr zugänglich, aber sie sind da.

Je nachdem, mit welchen Querverweisen sie in der Black-Box abgelegt wurde, kann sich dann bei Annäherungen an den ursprünglichen Verlust die ganze Trauer urplötzlich wieder einschalten. Auslöser kann quasi alles sein, von der Farbe der Nelken auf dem Kranz bei der Beerdigung bis hin zu einem Bibelwort, das der Geistliche bei der Trauerfeier sprach, oder ein Foto in der Zeitung von jemandem, der verstorben ist und der eine vage Ähnlichkeit mit dem geliebten Menschen hat.

Weil diese Auslöser der Black-Box entspringen, weiß der Mensch häufig nicht einmal, wodurch seine Trauer ausgelöst wurde. Vielfach wird dann eine „Depression" diagnostiziert, und ein normales Leben ist dann anscheinend nur noch mit Hilfe von Psychopharmaka möglich.

Ein Beispielfall war der von Ludwig M., der die größten Probleme hatte, eine normale Beziehung aufzubauen. Immer, wenn er dachte, er hätte nun jemanden gefunden, bekam er Depressionen und Angstzustände, weil er das Gefühl hatte, die Frau könnte ihm jeden Moment durch ein furchtbares Ereignis entrissen werden. Das führte dazu, dass Ludwig M. sich dann verzweifelt an seine jeweilige Partnerin klammerte und geradezu eine Besessenheit entwickelte, immer über ihren Aufenthaltsort informiert zu sein.

Die jeweiligen Partnerinnen fühlten sich dadurch regelrecht eingekerkert, und die Beziehungen gingen dann sehr schnell zu Ende.

Bei der Rückführung stellte sich heraus, dass Ludwig M. vor mehr als 2000 Jahren in Ägypten gelebt hatte. Seine damalige Frau, die er sehr geliebt hatte, war ohne die übliche Begleitung durch einen Haussklaven auf den Markt einkaufen gegangen, weil Ludwig M. diesen Sklaven für irgend eine andere Tätigkeit dringend brauchte, und war dann dort durch einen Überfall zu Tode gekommen. Ludwig M. war durch diese Ereignisse tief verletzt und machte sich bis ans Ende jenes

Lebens bittere Vorwürfe über seine Schuld an diesem Ereignis.

Als die Umstände dann in der Therapie ans Tageslicht kamen, brach aus Ludwig M. erst einmal die damalige Trauer durch heftiges Schluchzen heraus. Danach konnte er sich die ganze Sache ansehen und war erstaunt über die Ähnlichkeit mit seinen heutigen Gefühlen, wenn eine Partnerin das Haus auch nur zum Einkaufen im Supermarkt verließ. Nach der Therapie war er dann fähig, eine normale Beziehung einzugehen.

Die traumähnlichen Zustände, in die ein Mensch in dem Augenblick verfällt, wo sich auf Grund einer emotionalen Überlastung die Black-Box einschaltet und die Steuerung übernimmt, können sich, wie bereits früher erwähnt, durch äußere Reize jederzeit wieder einschalten. Jegliche Ähnlichkeit mit einer beliebigen Wahrnehmung, die in der der alten traumatischen Situation stattgefunden hat, kann solch ein Auslöser sein.

Der Klang einer Stimme, Gerüche, bestimmte Musik, Sonnenuntergänge, Bilder von Häusern, Tieren oder Menschen, all dies kann uns in dieses traumatische Gefühl hinein stoßen.

Wenn dies geschieht, übernimmt die Black-Box fast die vollständige Steuerung und das alte Geschehen – auch wenn es hunderte von Jahren zurückliegt – läuft als Notprogramm ab, ähnlich wie beim Computer, wenn er bei Programmfehlern in den „abgesicherten Modus" umschaltet.

Wenn ein Klient bei einer Rückführung auf solche Black-Box Inhalte stößt, die ihn jahrelang immer wieder in unerklärliche Phasen von Trauer gestürzt haben und er erkennt, was dem eigentlich zugrunde liegt, kann es durchaus sein, dass die Sitzung in fröhlichem Gelächter endet, auch wenn diese emotionale Haltung dem Ernst des ursprünglichen Geschehens nicht entspricht.

Jürgen B. ging es so. Ein bis zweimal jeden Sommer verfiel er in eine unendliche Traurigkeit, fühlte sich einsam und von allen verlassen und hörte nur noch traurige Musik. Das hielt etwa drei Tage an.

Bei der Rückführung stellte sich dann heraus, dass er zur Zeit der Bauernkriege als kleiner Junge bei einer Attacke durch umherstreifende Landsknechte seine ganze Familie verloren hatte und allein in den Trümmern des Hauses zurück geblieben war.

Der Schock, bei Vergewaltigung und Mord and der eigenen Mutter und den Schwestern zusehen zu müssen, hatte die Black-Box eingeschaltet, die minutiös alles aufzeichnete, auch die Kommentare der Leute, als er endlich nach drei Tagen verängstigt und hungrig gefunden wurde.

Eine freundliche Nachbarin gab ihm eine Schale mit einer Art von Grütze zu essen, während sie zu jemand anderem, der daneben stand sagte, „Es ist ja so furchtbar traurig! Der arme kleine Junge ist nun ganz allein und von allen verlassen!".

Als Jürgen B. bei der Rückführung erkannte, dass jedes Mal, wenn er im Sommer rote Grütze aß, er dies nicht nur als die köstlichste Speise empfand, die es geben konnte, sondern, dass sich damit auch die Traurigkeit einschaltete brach er in schallendes Gelächter aus.

Danach waren die Anfälle von Traurigkeit verschwunden.

Nicht immer ist die Lösung so einfach. Man wird immer wieder Menschen finden, die sich nicht durch eine einzige Sitzung aus ihren Schwierigkeiten befreien können. Manchmal stößt man auf eine ganze Serie von unglücklich verlaufenen Lebenszeiten, die sich über tausende von Jahren wie eine Verkettung von Dramen hinziehen. Und erst, wenn der Therapeut den ursprünglichen Auslöser gefunden hat, erlischt der Eingriff durch die Black-Box.

Das liegt daran, dass die Black-Box, wenn sie das Kommando übernimmt, den betreffenden

Menschen dazu bringt, das Programm jedes Mal unterbewusst wieder und wieder zu durchlaufen, sobald es ausgelöst wird, und das in jedem Leben wieder.

Da gibt es zum Beispiel den Fall von Yvonne K., die in den ersten Lebensmonaten ihres Kindes in die panische Angst verfallen war, man würde ihr das Kind wegnehmen, weil sie nicht die richtige Mutter sei, und dann wäre alles zu Ende. Sie weigerte sich, das Kind auch nur eine einzige Minute aus den Augen zu lassen und war allen Menschen ihrer Umgebung gegenüber äußerst misstrauisch und reizbar.

Bei der Rückführung zeigte sich, dass diese Angst über mehrere Vorleben hinweg ebenfalls bestanden hatte. Erst nach und nach kam ans Licht, dass sie vor mehr als 4000 Jahren in Mesopotamien am Könighof Amme gewesen war. Ihr eigenes Kind war ihr weggenommen worden, damit sie den Sohn des Königs stillen konnte.

Sie kümmerte sich um den Säugling, als sei es ihr eigenes Kind, das man ihr genommen hatte. Als der Junge dann zwei Jahre alt war, nahm man ihn ihr weg. Für Yvonne K. brach buchstäblich eine Welt zusammen.

In einem späteren Leben in römischer Zeit in Mainz geschah etwas Ähnliches. Wieder war sie Amme, diesmal bei einer römischen Adligen. Hier durfte sie ihr eigenes Kind behalten, weil ihre Milch für beide Kinder ausreichte.

Als dann bei einer Epidemie das Kind der Dienstherrin starb, ließ sich Yvonne K. überreden, ihren eigenen Sohn der Römerin zu verkaufen, blieb aber als Magd in den Diensten der Familie und kümmerte sich um den Kleinen. Als diese aus Mainz zurück nach Rom ging, nahm sie das Kind natürlich mit.

Im 18. Jahrhundert war Yvonne K. dann die Frau eines Landadligen, die nicht imstande war, ein Kind zu gebären. Die Familie ihres Mannes drohte, sie deshalb zu verstoßen, und Yvonne K. täuschte mit Hilfe ihrer eigenen Mutter eine Schwangerschaft vor. Das Kind, das sie dann als ihr eigenes präsentierte, war das einer Pächterin auf dem elterlichen Anwesen.

Der Schwindel flog auf, das Kind kam zurück zu seiner wirklichen Mutter und Yvonne K. wurde mit Schimpf und Schande weggejagt.

Da diese Geschehnisse für Yvonne K. extrem traumatisch waren, wurden sie in ihrer Black-Box abgespeichert. Bei der Rückführung, die viele Sitzungen brauchte, ging Yvonne K., als sie die vergangenen Ereignisse erneut durchlebte, förmlich durch die Hölle. Am Ende der Therapie war sie aber imstande, mit ihrem Kind normal umzugehen.

Aufgrund der Speicherung solcher furchtbaren Verluste in der Black-Box stiegen bei jeder Annäherung der Umstände von einem dieser Leben zum nächsten immer wieder Angst und Verzweiflung auf und verstärkten sich gegenseitig.

Diese Phänomene sind durchgängig bei Ereignissen, die in der Black-Box gespeichert wurden. Wenn man es mit einer Serie mehrerer Leben zu tun hat, die nicht unbedingt direkt aufeinander folgen müssen, kumulieren sich Schmerz und Verzweiflung. Tritt dann die Black-Box in Aktion, kann es zu Überreaktionen kommen, und der Tod eines Meerschweinchens wird als ähnlich furchtbar empfunden wie der Tod der Eltern.

Schwere Krankheiten

Wie bereits eingangs gesagt, übernimmt die Black-Box immer dann die Kontrolle, wenn aufgrund irgendwelcher Ereignisse das Bewusstsein eingeschränkt ist. Diese Einschränkung des Bewusstseins erfolgt aber nicht nur durch emotionalen Stress, Verletzung oder Tod, sondern kann auch bei schweren Krankheiten und unter dem Einfluss von Drogen oder Medikamenten eintreten.

Ob es hohes Fieber in Verbindung mit einer Erkrankung ist, oder es sich um Drogen oder große Mengen von Alkohol handelt, in allen Fällen wird die White-Box abgeschaltet, und die Black-Box übernimmt die Steuerung und die Aufzeichnung. Und die Ereignisse, die nur in der Black-Box aufgezeichnet sind, stehen dann natürlich der normalen Erinnerung, die man aus der White-Box bewusst abruft, nicht zur Verfügung.

Gerade in früheren Zeiten, als die Medizin noch nicht so weit entwickelt war wie heute, hatte der Patient bei Krankheiten wie zum Beispiel Lungenentzündungen oder Scharlach tagelang hohes Fieber und diese Erkrankungen endeten in sehr vielen Fällen tödlich.

Penicillin war noch nicht gefunden, Seuchen durchzogen immer wieder das Land, und das fast einzige Mittel zur Betäubung war Alkohol.

Daniela A. beispielsweise litt während eines Urlaubs auf Mauritius unter starkem Brechdurchfall. Das einzige, was sie bei sich behalten konnte, waren leichter Rotwein und altbackene Brötchen. Und um ihre Bauchkrämpfe zu betäuben half nur hochprozentiger Rum.

Gleichzeitig hatte sie Angst vor einer Gruppe von Hotelgästen aus einem unterbewussten Gefühl heraus, von ihnen im Schlaf ausgeraubt und ermordet zu werden. Die Erkrankung und die Angstzustände hielten drei oder vier Tage an, dann war alles wie weggeblasen.

Bei einer späteren Rückführung stellte sich dann heraus, dass Daniela A. im 18.Jahrhundert Pirat gewesen war. Auf dem Schiff war Cholera ausgebrochen, und man ankerte in einer Bucht auf Mauritius. Der Rotwein und der Schiffszwieback wurden als „sichere" Lebensmittel angesehen, und gegen Schmerzen gab es damals eben nur Rum.

Daniela A. hatte sich natürlich auch angesteckt. Und während sie, wie die anderen Besatzungsmitglieder des Piratenschiffs, im Sterben lag, lief ein weiteres Schiff, ebenfalls Piraten, in die Bucht ein, raubte die Sterbenden aus und tötete sie.

Die Hotelgäste, vor denen Daniela A. solche Angst bekommen hatte, besaßen für die

Black-Box Ähnlichkeit mit den früheren An-greifern, da sie halblange gestreifte Hosen tru-gen und einer von ihnen sich den Kopf kahl rasiert hatte.

Diese Personen zusammen mit der Örtlich-keit schalteten die Black-Box ein, die darauf-hin das Programm „Cholera" durchlaufen ließ.

Gerade Brechdurchfall, unter dem Touristen trotz aller Vorsichtsmaßnahmen in südlichen Ländern leiden, lässt sich bei Rückführungen immer wieder auf Erfahrungen in früheren Leben zurückführen, als Cholera noch häufig auftrat.

Wenn die Black-Box sich mit solchen Pro-grammen einschaltet, kommt es glücklicherweise in den meisten Fällen nicht zu einem Dauerzu-stand, sondern nach drei bis vier Tagen hört das Programm dann von allein auf durchzulaufen.

Eine andere Seuche, durch die unsere Welt in der Vergangenheit immer wieder heimgesucht wurde sind die Pocken.

Andrea G. ist ein Beispielfall. Sie war eine eigentlich recht gut aussehende junge Frau, die aber am ganzen Körper unter Akne litt. Die Akne verlief nicht durchgängig, sondern trat immer im Herbst auf, wenn die Laubfärbung begann.

Eine Allergie ließ sich nicht feststellen, kein Hautarzt hatte ihr helfen können.

Bei einer Rückführung, zu der eine Freundin sie überredet hatte, trat dann Erstaunliches zu Tage.

Im 17. Jahrhundert hatte Andrea G. als Frau eines Tagelöhners im Spessart gelebt. Im Herbst ging sie regelmäßig Kastanien sammeln, um die mageren Vorräte aufzubessern. Bei einer dieser Sammelaktionen infizierte sie sich bei einer anderen Frau mit Pocken, an denen sie dann auch starb.

Im gegenwärtigen Leben machte Andrea G., die nicht weit von dem Dorf, in dem sie früher gelebt hatte, wieder im Spessart lebte, gern lange Spaziergänge durch den herbstlichen Wald.

Jedes Jahr wurden dann durch die Black-Box die Ausbrüche von Akne ausgelöst, und zwar immer dann, wenn Andrea G. mit Freundinnen zusammen auf solch einen herbstlichen Spaziergang ging.

Nach der Rückführung hörten die Anfälle von Akne zwar nicht vollständig auf, wurden aber deutlich weniger. Bei einer Fortsetzung der Therapie hätte man möglicherweise ein weiteres Leben finden können, in dem eine Pockenerkrankung aufgetreten war, aber Andrea G. hatte kein Interesse mehr an weiteren

Sitzungen, da sie nicht der Meinung war, die Besserung hätte etwas mit der Rückführung zu tun.

So etwas kommt im Übrigen häufiger vor, wenn der Klient nicht wirklich aus eigenem Antrieb zu einer Rückführung kommt, sondern weil andere Menschen ihn mit mehr oder weniger Druck dazu gebracht haben „es mal zu probieren". Vielfach besteht in solchen Fällen eine „Trotzhaltung", wo der Betreffende eigentlich beweisen will, dass Rückführung nicht funktioniert.

Gefährliche Freunde

Wie bereits mehrfach angesprochen, zeichnet die Black-Box minutiös alles auf, was während einer Phase von Bewusstlosigkeit oder eingeschränktem Bewusstsein um jemanden herum geschieht. Dies betrifft auch Phasen, wo jemand aufgrund von starkem Fieber im Delirium liegt.

In der heutigen Zeit geschieht so etwas relativ selten, in früheren Zeiten war es bei schweren Krankheiten, insbesondere bei Infektionen, die Regel.

Damals spielte sich das Leben in weiten Teilen der Bevölkerung in Großfamilien ab, wo mehrere Generationen unter einem Dach lebten. Krankenhäuser existierten so gut wie gar nicht und wenn jemand krank war, wurde er gewöhnlich zu Hause gepflegt. Lag dann jemand mit schwerem Fieber auf dem Krankenbett, waren es häufig die alten Familienmitglieder, die am Krankenbett wachten.

Der Patient mit hohem Fieber nahm anscheinend nichts wahr, was um ihn herum geschah. Tatsächlich zeichnete die Black-Box aber alles genau auf. Und das macht sich dann leider in späteren Zeiten unangenehm bemerkbar.

Amira C., war unfähig, eine normale Beziehung einzugehen. Sie hatte bei Männern, die jünger als 60 waren das Gefühl, sie würden sich nicht um sie kümmern und fühlte sich deshalb nur zu alten Männern hingezogen. Sie hatte aber gleichzeitig aber Angst vor deren baldigem Tod. Gleichzeitig hatte sie ein abnormes Misstrauen gegen jüngere Männer.

Bei der Rückführung kam zu tage, dass Amira C. vor etwa 200 Jahren als Kind schwer an Lungenentzündung erkrankt war und in tiefem Fieber lag. Ihr Urgroßvater, der schon zu alt für die Feldarbeit war, wachte an ihrem Krankenbett. Der Mann war über achtzig und neigte dazu, ständig vor sich hin zu murmeln.

Während Amira C. im Fieberdelirium lag, „erzählte" ihr der Großvater, dass man sich nur auf alte Leute verlassen könne, dass die Jugend von heute nichts mehr taugen würde, dass er der einzige sei, der sich um sie kümmerte, dass er aber nun bald sterben würde und sie dann allein und verlassen zurück bliebe.

In jenem Leben blieb sie ebenso unverheiratet wie im nächsten.

In diesem Leben übernahm die Black-Box jedes Mal die Kontrolle, wenn sich ihr ein jüngerer Mann näherte und spielte das Geplapper ihres Urgroßvaters im Unterbewusstsein ab. Da dies Amira C. natürlich nicht bewusst war, nahm sie es als „Erfahrungswert" und verhielt sich entsprechend.

Eine andere Facette dieser Problematik ist, wenn im gegenwärtigen Leben jemand auftaucht, der über große Ähnlichkeit mit einem Menschen verfügt, der einem in einer früheren Existenz z.B. das Leben gerettet hat. Diese Ähnlichkeit kann dazu führen, dass man so jemandem blind vertraut und ihn sogar dann noch verteidigt, wenn man von ihm verletzt oder betrogen wurde.

Marita N. hatte das erlebt. Sie war mit einem Mann befreundet, Kurt, der sie ständig betrog und belog. Er war ein schmieriger Typ mit relativ langen, blonden Haaren, die er mit Gel an den Kopf klatschte und Vollbart. Bekannten gegenüber sprach er häufig von ihr als „die Nutte, die für mich wäscht und kocht". Brauchte sie ihn einmal, war er nicht für sie da.

Familie und Freunde von Marita N. versuchten immer wieder, sie dazu zu bringen, sich von diesem Mann zu trennen, ohne Erfolg.

Marita N. war davon überzeugt, von Kurt so unglaublich stark geliebt zu werden, dass er für sie bis ans Ende der Welt gehen würde und eine Trennung sein Ende wäre.

Die Wende kam, als Kurt eines Tages mit kahl geschorenem Kopf ankam und sich auch den Bart abrasiert hatte. Als Marita N. ihn so sah, war sie völlig verstört und erkannte ihn zuerst gar nicht. Als sie seinem üblichen Verhalten ausgesetzt war, ließ sie es sich nicht mehr gefallen, und konnte nicht verstehen, was sie jemals an diesem Mann gefunden hatte. Sie war sozusagen auf einen Schlag von ihm geheilt.

Bei der Rückführung, zu der ihre Mutter sie überredet hatte, stellte sich heraus, dass Marita N. im Mittelalter die Frau eines Wikingers im Süden Dänemarks gewesen war. Sie war krank geworden und lag halb bewusstlos mit Fieber im Sterben.

Ihr blonder bärtiger Mann, der sie sehr liebte, wachte an ihrem Bett und war völlig verzweifelt. Ständig sagte er weinend, „Du bist mein ein und alles, du darfst mich nicht verlassen, du bist meine große Liebe, wenn du mich verlässt, wird das auch mein Tod sein."

Als Marita N. in diesem Leben Kurt traf, der ihrem früheren Ehemann sehr ähnlich sah, übernahm die Black-Box die Steuerung und gaukelte ihr vor, dass ihr bei diesem Mann auf Grund seiner großen Liebe nichts passieren könne.

Als Kurt sich dann mit rasiertem Bart und kahlem Kopf präsentierte, war die Ähnlichkeit verschwunden und die Black-Box schaltete sich aus. Marita N. war wieder imstande richtig hinzuschauen und klar zu denken.

Umgekehrt kann das natürlich genauso sein. Da hat man vielleicht einen Menschen, der einen liebt, alles für einen tut, loyal und treu ist.

Und nur, weil die Black-Box aufgrund einer alten körperlichen Ähnlichkeit mit einem früheren Feind der Person dann vorgaukelt, man wäre in Gefahr, tut man diesem Menschen dann weh oder weist ihn zurück.

Verletzung und Tod

Wenn ein Mensch über eine ungeheuer lange Zeit hinweg von einem Leben zum nächsten, von einem Körper zum nächsten gewandert ist, hat sich logischerweise auch eine Vielzahl von weniger angenehmen Ereignissen angesammelt.

Unsere Welt war noch nie friedlich. Kämpfe haben das Leben der Menschen seit Jahrmillionen geprägt. Es ging nicht nur um Kämpfe Mensch gegen Mensch, sondern auch Mensch gegen Tier. Sei es, dass man sich gegen Angriffe von Bären oder Großkatzen wehren musste, sei es, dass der Mensch auf der Jagd selbst der Angreifer war, es kam häufig zum Kampf.

Die Erinnerungen daran sind wie alle anderen Erinnerungen irgendwo auf unserer Festplatte vorhanden. Und je länger die Ereignisse zurückliegen, je enger sie mit dem „nackten Überleben" in dunkler Vorzeit zusammen hängen, desto wahrscheinlicher ist es, dass sie in der Black-Box abgespeichert sind.

Ist dies bei einem Erlebnis der Fall, taucht es häufig im gegenwärtigen Leben als Angst, Phobie oder Unfähigkeit auf, da es durch die Black-Box als wichtiger Programmteil ins Betriebssystem übernommen wurde.

In dem Moment, wo so ein Black-Box Inhalt ausgelöst wird, kann es sogar zu deutlich sichtbaren Körperreaktionen kommen.

Kerstin J. saß friedlich mit Freundinnen in einer Sauna, als plötzlich ihre Beine zu prickeln begannen, ähnlich wie nach einer Berührung mit Brennnesseln. Als sie hinsah, stellte sie zu ihrer Bestürzung fest, dass sich rote Flecken auf den Beinen auszubreiten begannen, die aussahen, als hätte sie sich verbrannt. Sie verließ panisch die Sauna, und noch während sie duschte verschwanden die Flecken wieder und das Prickeln hörte auf.

Bei einer späteren Rückführung stellte sich heraus, dass Kerstin J. im späten siebzehnten Jahrhundert als Hexe verbrannt worden war. Diese Hexenverbrennung fand auf dem Marktplatz in Brügge statt.

Die Black-Box hatte die Kontrolle übernommen, als nicht nur die Hitze in der Sauna als Auslöser fungierte, sondern auch noch eine Unterhaltung in der Sauna hinzukam, in der Kerstin J. und ihre Freundinnen über eine geplante Reise nach Brügge diskutierten.

Die Kombination von Hitze und dem Ort der Verbrennung ließen die Black-Box sozusagen als

Warnung die Notbremse ziehen, um eine Wiederholung der Ereignisse zu verhindern.

Wenn bei einer Rückführung Black-Box Inhalte angesprochen werden, gehören alle Wahrnehmungen untrennbar zu dem jeweiligen Ereignis.

Sobald das Geschehen, das quasi gefroren in der Black-Box gelegen hat, wieder aufbricht, lebt der Klient unter Umständen die Ereignisse regelrecht noch mal durch, wobei es durchaus auch zu körperlichen Empfindungen kommt. Allerdings sind diese bei weitem nicht so heftig, wie in der ursprünglichen Situation.

Eine weitere Manifestation von Black-Box Inhalten können auch Muttermale oder Hautverfärbungen sein. In der Reinkarnationstherapie tauchen immer wieder Ereignisse auf, wo jemand in einem früheren Leben verletzt wurde und dann in der gegenwärtigen Existenz an genau der Stelle ein Muttermal hat. Wenn das schon bei der Geburt existiert, gibt man darauf weiter nichts. Aber wenn so etwas praktisch aus heiterem Himmel auftaucht, und man nicht weiß, woher es kommt, gibt das natürlich zu Sorgen Anlass.

Ein Beispielfall ist Charlotte J. Sie war mit ihrer Familie im Urlaub in Griechenland, als sich eines Tages am rechten Oberarm eine dreieckige dunkelrote Verfärbung zeigte. Zuerst dachte sie, sie hätte sich irgendwo gestoßen, ohne es bemerkt zu haben. Als die Stelle aber nicht blau wurde, sondern rot blieb, schob Charlotte J. es auf möglichen Kontakt mit einer giftigen Pflanze, oder darauf, dass sie beim Baden im Meer vielleicht von einer Qualle gestreift worden war.

Da sie aber weder Juckreiz noch Schmerzen verspürte, gab sie weiter nichts auf die Sache. Als die rote Stelle mehrere Wochen nach Ende des Urlaubs immer noch nicht verschwunden war, ging Frau J. zu einem Hautarzt, der nichts finden konnte, der Fleck blieb.

Bei einer Rückführung erkannte Charlotte J., dass sie ca. 500 v. Chr. In Griechenland gelebt hatte, und zwar als Mann. Sie hatte in einem Krieg gekämpft, geriet in einen Hinterhalt und war durch einen Speer am Oberarm verwundet worden.

Der Speer hatte, mit voller Wucht geworfen, ihren rechten Arm gestreift und war dann in den Brustkorb eingedrungen, wo er eine tödliche Wunde verursachte.

Noch im Tode verfluchte sie den feigen Schurken, der ihr das angetan hatte und schwor, ihn bis zum Ende aller Zeiten zu verfolgen.

Dies hatte sich nur wenige Kilometer von der Stelle ereignet, wo Charlotte J. mit ihrer Familie in einem kleinen Hotel war.

In der Sitzung ergaben sich Anhaltspunkte, die aber nicht völlig bestätigt werden konnten, dafür, dass der Inhaber des Hotels dieselbe Person war, die Charlotte J. damals in einen Hinterhalt gelockt und getötet hatte.

Nach der Rückführung verschwand die rote Stelle.

Die Grey-Box und ihre Inhalte

In der Grey-Box sind alle die Dinge abgespeichert, die der Mensch als automatische Programme ablaufen lassen kann. Das können einfache zwischenmenschliche Rituale wie das Erwidern eines Grußes sein, aber auch bestimmte Verhaltensmuster, die sich in diesem oder einem früheren Leben in bestimmten Situationen als sinnvoll und überlebensfördernd erwiesen haben.

Auch die Rollen, die wir so spielen, sind Bestandteil der Grey-Box. Jeder Mensch spielt jeden Tag die verschiedensten Rollen. Das ist ganz normal.

Problematisch wird es erst, wenn die Rollen durcheinander geraten. Wohl jeder hat in seinem Bekanntenkreis einen „Chef", der es zuhause in der Familie nicht schafft, in die Vaterrolle zu wechseln und versucht, Frau und Kinder wie seine Angestellten zu gängeln und herum zu kommandieren. Oder die Mitarbeiterin im Büro, die sich auch während der Arbeitszeit so anzieht und so benimmt, als wäre sie auf Partnersuche in der Diskothek. Dies sind allerdings eher harmlose Beispiele.

Hier gibt es aber auch Rollen, die auf früheren Abläufen beruhen, die dazu führen, dass jemand regelrecht sich selbst und sein Umfeld zerstört.

Rollen, die in der Grey-Box abgespeichert sind, können das ganze Leben ruinieren.

Andere Unterprogramme oder Makros, die sich in der Grey-Box befinden, sind auch Standardverhaltensweisen in bestimmten Situationen, die – ähnlich wie bei Black-Box Inhalten – durch Wortinhalte oder Aktionen Anderer anspringen.

Das kann so etwas Einfaches wie zum Beispiel Lampenfieber oder Prüfungsangst sein, aber auch so weit gehen, dass völlig falsche Verhaltensweisen rechthaberisch beibehalten werden, obwohl sie den Betreffenden selbst (und manchmal auch sein Umfeld) zerstören.

Auch falsches Vertrauen findet man hier. Es kommt immer wieder vor, dass man große Stücke auf jemanden hält, obwohl er niemals Anlass für den Glauben gegeben hat, dass man sich auf ihn verlassen könne. Umgekehrt gibt es auch Misstrauen gegen Menschen, die einem nur Gutes getan haben.

Viele Makros, die in der Grey-Box ablaufen, beruhen auf Inhalten der Black-Box. Man hat durch schmerzliche Erfahrungen in einem früheren Leben „seine Lektion gelernt", oder man hat irgendwann einmal beschlossen, dass man so sein möchte, wie ein Mensch, den man bewundert oder auch gefürchtet hat.

Und dieses „so sein wie..." kann weitreichende Folgen haben, bis hin zu Körperhaltung und psychosomatischen Leiden.

Ein weiterer Inhalt der Grey-Box sind die so genannten Glaubenssätze. Das sind Dinge, die man „weiss", fast wie Naturgesetze. Und da man sich ihrer tausendprozentig sicher ist, werden sie auch nicht hinterfragt.

Jemand, der sich so ungemein sicher ist, dass die Sonne mittags im Süden steht, dass er es als Glaubenssatz abgespeichert hat, kann möglicherweise eine böse Überraschung erleben, wenn er sich plötzlich auf der Südhalbkugel befindet und versucht, sich am Sonnenstand zu orientieren.

Rollenspiele

„Die ganze Welt ist eine Bühne." Schaut man sich die Menschheit und ihr Verhalten an, muss man zugestehen, dass es kaum eine zutreffendere Aussage geben kann.

Ob es die Rolle „Angestellter im Büro" ist, „Chef", „Vater" oder „Mutter", ganz gleichgültig, jede Rolle hat ihren Zeitpunkt des Auftritts, ihre Bühne, ihre Kostüme und Requisiten und auch ihre Mitspieler.

Man nehme nur einmal den Menschen, der die Rolle „Reicher Mann" spielt. Er wird das Geld – und falls er selbst keins hat – das Geld anderer, auch Bankkredite usw., mit vollen Händen zum Fenster hinauswerfen. Nur das Beste ist für ihn (oder sie natürlich) gerade gut genug, Statussymbole wie Designermarken, Luxuskarossen und Champagner sind selbstverständlich, und jene, die sich nicht so darstellen, werden als „Verlierer" oder „Proleten" abgetan.

Dieser „reiche Mensch" wird auch durch keinen Konkurs dazu gebracht, die Realität zu erkennen, sondern wird den Zustand der eigenen Armut immer nur als eine vorübergehende Unbill, die – selbstverständlich – durch andere ausgelöst wurde, wie etwa die Bank, die ihm nicht noch einen Kredit gab, oder das „System", das Reichtum nicht zulässt ansehen. Und da die Grey-

Box das Programm steuert, wird sich dieser Mensch auch nicht ändern können.

Der Grund für sein Verhalten kann durchaus darin liegen, dass er in einer früheren Inkarnation (oder mehreren) über unbegrenzte Mittel verfügte, und den darauf beruhenden Lebensstil ohne Hinterfragung als Standardprogramm immer wieder ablaufen lässt.

Ungekehrt kann es natürlich genauso sein. Auch hier gibt es immer wieder Beispiele, wo Menschen die Suppenküche der mildtätigen Organisationen aufsuchen, wie Obdachlose gekleidet sind, in winzigen Altbauwohnungen hausen. Und nach deren Tod stellt sich dann heraus, dass sie über ein Millionenvermögen verfügen konnten.

Dies sind nun extreme Beispiele. Aber auch in kleinerem Umfang kann so etwas durchaus vorkommen. Nehmen wir doch einfach die Mutter, die sich geradezu zwanghaft in bestimmten Situationen genauso verhält, wie es schon ihre eigene Mutter tat. Wie oft kommt es vor, dass ein Teenager zuhause regelrecht eingesperrt wird, aus Angst, was dem Mädchen in der bösen Welt alles geschehen könnte, und das nur, weil die Mutter des Teenagers im zweiten Weltkrieg von ihrer eigenen Mutter regelrecht versteckt wurde, damit böse feindliche Soldaten sich nicht vergewaltigen.

Ein anderer Aspekt ist die „Gewinnerrolle". Niemand möchte gern „Verlierer" sein. Und deshalb wird der Sieger gern kopiert. Besonders, wenn es in der Vergangenheit jemanden gab, gegen den man über ein oder mehrere Leben hinweg immer wieder verloren hat, geht dessen Verhaltensweise als „überlebensfördernd" oder „nur so kann man gewinnen" in die Grey-Box ein.

Auch wenn der „Sieger" eigentlich ein äußerst bösartiger Mensch war, dessen „Vergnügen" hauptsächlich darin bestand, andere zu zerstören oder „fertig zu machen", wird sein Verhalten vollständig und kritiklos in die Grey-Box" übernommen. Manchmal geht das bis zu Stimmfärbung und Körperhaltung.

Käthe W., Mitte vierzig, kam zu einer Rückführung, weil sie ständig unter dem Gefühl litt, uralt zu sein.

Sie sah auch wesentlich älter aus, als sie war und die Tatsache, dass ihre Haare zu einem Nackenknoten frisiert hatte, trug zusätzlich dazu bei.

Während der Therapie stellte sich heraus, dass sie nicht nur den Namen ihrer Großmutter trug, sondern dass ihre Mutter ihr seit ihrer Geburt immer wieder gesagt hatte, du bist genau wie deine Großmutter.

Käthe W.'s Mutter hatte die Großmutter, also ihre eigene Mutter, Zeit ihres Lebens sehr bewundert und ihren Tod, der vor der Geburt der Tochter stattgefunden hatte, nie verarbeitet. Da sie dem Konzept der Reinkarnation gegenüber sehr aufgeschlossen war, hegte sie die Überzeugung, ihre Mutter sei im Körper ihrer Tochter wiedergeboren worden.

Das war auch der Grund, dass sie ihre Tochter auf den Namen ihrer Mutter getauft hatte.

Käthe W. hatte es einfach „gelernt", dass es sehr erstrebenswert sei, wenn sie wie die Großmutter wäre und war praktisch in deren Rolle geschlüpft.

Sie machte die Rückführung auch, um sich Gewissheit zu verschaffen, ob sie ihre Großmutter war oder nicht. Es stellte sich heraus, dass sie es nicht war. Das führte Anfangs zu stärkeren Spannungen zwischen ihr und ihrer Mutter, die sich nicht damit abfinden wollte.

Nach der Rückführung hörte Käthe W., die gut aussieht, intelligent ist, eigentlich über eine großartige Ausstrahlung verfügt, auf, sich als „graue Maus" und alte Frau zu präsentieren.

Napoleon und Kleopatra

Sie werden in der Reinkarnationstherapie immer wieder finden, dass ein Klient behauptet, irgendeine berühmte Persönlichkeit gewesen zu sein. Das kann durchaus überzeugend hervorgebracht werden. Nur fällt es dem Therapeuten natürlich spätestens nach dem dritten Mozart oder dem vierten Leonardo Da Vinci oder der zehnten Sissi auf, dass etwas nicht stimmen kann. Hinzu kommt, dass ein hoher Anteil dieser "berühmten Klienten" im jetzigen Leben alles andere als ein Erfolgsmensch ist.

Hier liegt der Fall vor, dass jemand, um sein elendes Leben besser bewältigen zu können, versucht, in eine bedeutendere Haut zu schlüpfen. Dies geschieht häufig schon während der Lebzeiten des "Vorbilds". Da dies in der Grey-Box abgespeichert wird, verwandelt es sich für den Betreffenden mit der Zeit in eine Tatsache, die nicht mehr hinterfragt wird.

Der Fall Susanne R. ist ein besonders gutes Beispiel für die Gefahr, die vom Therapeuten zu beachten ist, wenn er plötzlich eine "Berühmtheit" vor sich hat.

Susanne R. ist eine junge Frau, die schon vor Beginn der Therapie stets "etwas Besonderes" sein MUSSTE. Sie lebte von Gelegen-

heitsarbeiten und verlor ständig ihre Arbeits-
stellen, da sie regelmäßig nach wenigen Wochen starke Rückenschmerzen bekam. Ihren
eigentlich erlernten Beruf als Lehrerin übte sie
nicht aus, weil sie der Meinung war, er sei unter ihrer Würde.

Sie war davon überzeugt, die Reinkarnation
von Kleopatra zu sein. Die Rückführung ergab
dann, dass sie zu der fraglichen Zeit in Ägypten gelebt hatte und dass ihr Name tatsächlich
Kleopatra gelautet zu haben schien. Nur —
auch damals gab es schon Modenamen, und
Kleopatra war einer davon. Susanne R. war in
jenem Leben Sklavin im Hause eines Höflings
an Kleopatras Hof und hatte versucht, ihrem
armseligen Leben dadurch einen Sinn zu geben, dass sie sich in ihren Träumen vorstellte,
die echte Kleopatra zu sein. Bei diesen Tag-
träumen wurde sie in ihren Arbeiten nachläs-
sig, was zu regelmäßigen Auspeitschungen
führte.

Es dauerte relativ lange, bis Susanne R. bereit war, sich mit dieser Sachlage abzufinden
und sich ihr Leben, wie es damals tatsächlich
verlaufen war, anzusehen. Danach hörten die
Rückenschmerzen auf.

Standard-Verfahren

Die Grey-Box enthält auch so genannte Standardverfahren. Mit Standardverfahren sind Verhaltensweisen gemeint, die der Klient als Antwort auf bestimmte Situationen stereotyp ablaufen lässt. Das kann bewusst geschehen, aber auch unbewusst.

Diese Standardverfahren beruhen auf Situationen, die der Mensch einmal für ausweglos hielt. Er befand sich in einer prekären Lage, die für ihn anscheinend nur schlimm ausgehen konnte. In dieser Situation tat er in seiner Verzweiflung etwas, das ihn entgegen jeglicher Wahrscheinlichkeit aus dieser Lage befreite.

Diese Handhabung hat ab sofort für ihn einen immensen Wert als ein Verfahren, mit dem er jegliches Unheil abwenden kann, es wird zum Standardverfahren. Dabei spielt es keine Rolle, ob das Standardverfahren der jeweiligen späteren Situation angemessen ist oder nicht.

Manfred K. war eigentlich ein guter selbständiger Handwerker, der nur zufriedene Kunden hatte. Er schaffte es aber nie, das ganze Jahr über Arbeit zu haben. Interessant war dabei, dass er jedes Jahr von Mitte März bis in den November hinein einigermaßen gut beschäftigt war, danach hatte er den Winter über keine Aufträge, und bemühte sich auch nicht darum, weil er „wusste", dass bei schlechtem Wetter sowieso nichts läuft.

Er und seine Familie hatten dann nur noch das Nötigste zum Leben und seine Frau und der kleine Sohn litten sehr darunter.

Bei der Rückführung stellte sich dann heraus, dass er im Mittelalter über mehrere Leben hinweg ein fahrender Schuhmacher gewesen war, der hauptsächlich Schuhwerk für Landsknechte machte. Da damals die Wetterbedingungen einen stärkeren Einfluss auf Kriegshandlungen hatten als heute und die Kampfhandlungen fast nur im Sommerhalbjahr stattfanden, war im Winter für ihn nicht viel zu tun.

Ihm blieb nichts anderes übrig, als in seiner Kate bei Hunger und Kälte darauf zu warten, dass der Frühling wieder käme.

Dieses Standardverfahren war bei Manfred K. so tief verwurzelt, dass er es bis heute brav einhielt. Nach der Therapie hatte er dann auch den Winter über ausreichend Arbeit.

Glaubenssätze

Rechthaberei, Dickköpfigkeit, Unflexibilität, Unlogik – wer ist nicht schon einmal wegen so etwas die Wände hoch gegangen. All dies hat meistens etwas mit „Glaubenssätzen" zu tun.

So ein Glaubenssatz ist eine Information, die dieser Mensch für sich als „unantastbar" oder als „Dogma" klassifiziert hat. Hier wird auf gar keinen Fall die Richtigkeit hinterfragt, weil die Information für den Betreffenden als absolute Wahrheit gilt, die unveränderlich ist. Versucht trotzdem ein anderer, solch einen Glaubenssatz umzuwerfen oder zu berichtigen, wird ihn Unverständnis oder „heiliger Zorn" treffen. Diese Glaubenssätze stammen selten nur aus diesem Leben, sondern werden meist schon hunderte von Jahren mitgeschleppt.

Allgemeine Glaubenssätze, die man in der Grey-Box findet sind zum Beispiel festgefressene Vorurteile, die sich in Redensarten ausdrücken, wie „alle Rothaarigen sind Hexen", „alle Neger stinken", „Frauen gehören hinter den Herd", die Liste geht unendlich weiter. Auch viele alte Sprichwörter kann man hier finden, z.B. „Morgenstund hat Gold im Mund", „Aller guten Dinge sind drei" und ähnliches.

Bei genauerem Ansehen stellt man fest, dass diese Glaubenssätze aus früheren Zeiten stammen und den damaligen Zeitgeist repräsentieren, oder dass die ursprüngliche Bedeutung verloren ging. Für letzteres ist „aller guten Dinge sind drei" ein exzellentes Beispiel.

Der Spruch hieß ursprünglich "Aller guten Thinge sind drei." Ein Thing war eine Ratsversammlung bei den Germanen, bei der auch Recht gesprochen wurde. Wer eines Verbrechens beschuldigt wurde, musste sich spätestens beim dritten Thing nach der Anschuldigung den Richtern stellen. Erschien er auch zum dritten Thing nicht, wurde er in Abwesenheit verurteilt.

Die privaten Glaubenssätze, die meistens aus vergangenen eigenen Erfahrungen stammen, können zum Beispiel sein, dass man es niemals beim ersten Anlauf schafft, dass nur harte Arbeit einen weiter bringt, dass man niemals Hilfe annehmen darf, weil es einen schwach aussehen lässt, usw.

Solche Glaubenssätze lassen sich nicht durch Logik verändern. Man kann immer wieder mit jemandem darüber reden, er wird sich im jeweiligen Gespräch auch einsichtig zeigen, aber da sich die Daten in der Grey-Box befinden, werden sie immer wieder die Oberhand gewinnen, bis die Basis aus der Black-Box gefunden und therapiert wurde.

Eine Klientin, Luise B., hatte Schwierigkeiten, eine stabile Beziehung aufzubauen. Sie hatte eine tiefe, permanente Angst, verlassen zu werden und einsam zurück zu bleiben, und trieb ihre jeweiligen Partner durch ständiges „Klammern" immer wieder weg. In der Therapie stellte sich heraus, dass sie in einem früheren Leben glücklich verheiratet war und ihr Ehemann in einen Krieg zog, aus dem er nicht mehr zurückkam. Sie warf sich unbewusst bis heute vor, nicht genug getan zu haben, um ihn zu halten.

Das führte in der Gegenwart dazu, dass sie jeglichen Freund, den sie hatte, mit allen Mitteln davon abzuhalten versuchte, auch nur einen Schritt ohne sie zu tun, denn ihr Glaubenssatz lautete „Männer, die man allein losziehen lässt, kommen nie wieder."

Glaubenssätze verhindern, dass man selbst hinsieht und sich ein Bild macht. Sie sind häufig mit Makros verbunden, die wie eine Automatik bestimmte Verhalten steuern.

Ein banales Beispiel ist der Autofahrer, der jahrelang den selben Weg zur Arbeit fährt, die Schilder nicht mehr bewusst wahrnimmt, und dann plötzlich von der Polizei angehalten wird, weil er eine Einbahnstrasse in die verkehrte Richtung gefahren ist. Er hatte nicht bemerkt, dass sich die Straßenführung geändert hatte.

Nadine O. beispielsweise bestand darauf, dass man Männern mit dunklen Haaren und bräunlichen Augen nicht trauen könne, da sie „böse" wären. Mit „so einem" würde man nur unglücklich werden.

Aufgrund dieses Glaubenssatzes war sie seit Beginn dieses Lebens allen dunkelhaarigen Männern mit bräunlichen Augen aus dem Weg gegangen, hatte also keinerlei Erfahrung, die diese Einstellung hätte erhärten können.

Bei der Rückführung erkannte sie, dass sie zur Zeit der Kreuzzüge einen Mann gehabt mit dunklen Haaren und bräunlichen Augen hatte, der mit auf den Kreuzzug ging, nie wieder kam und sie mit fünf Kindern allein zurück ließ.

Die Festplatte putzen

Welcher Computerbesitzer hat nicht schon ge-
flucht, wenn er nichts mehr finden konnte, weil
seine Datenablage voll mit allem Möglichen war,
das man eigentlich nicht mehr braucht, wenn
Programme nicht richtig liefen, weil Reste alter
nicht mehr verwendeter Programme damit in
Konflikt gerieten, wenn der Computer immer
langsamer wurde, weil im Hintergrund alle möglichen Programme abliefen, die nutzlos waren,
von denen er aber nichts (mehr) wusste.

Irgendwann hilft dann nur noch gründliches
Putzen. Ein normaler Anwender ohne viel Hin-
tergrundwissen schafft das nicht allein, also muss
er sich jemanden holen, der sich mit Software gut
auskennt. So ähnlich ist das auch mit unserem eigenen Datenspeicher.

Die wundervoll klare Grundstruktur unseres
Datenspeichers – wäre sie dann sauber und unbe-
schädigt – könnte uns jederzeit logisch, intelligent und vernünftig mit optimaler Geschwindig-
keit handeln lassen. Leider hat sich aber im Laufe
vieler Leben alles Mögliche in unseren Daten-
speichern angesammelt, das ungeordnet, über-
flüssig, irreführend und oft auch schädigend ist.

Der Teil der Festplatte, der am dringendsten
„geputzt" werden muss, ist die Black-Box. Der
Grund dafür ist simpel. All jene Erlebnisse, die

mit Schmerz und Bewusstlosigkeit einhergehen, sind dort abgelegt und für die normale Erinnerung – wie es die Inhalte der White-Box sind – nicht zugänglich. Da sie aber jederzeit die Steuerung übernehmen können ohne dass der Mensch es merkt, führt das häufig zu irrationalem Verhalten.

Natürlich hat die Black-Box auch ihre sinnvollen Inhalte, aber die interessieren in der Therapie nur am Rande. Für uns sind hier die Inhalte interessant, die aus alten Zeiten, aus früheren Existenzen stammen und für die Gegenwart keinerlei Stellenwert haben.

Nun könnte man meinen, dass man sich darum nicht kümmern müsste. Das ist aber nicht so. Befindet sich beispielsweise in der Black-Box ein „Notprogramm", das dort im Jahr 858 nach einem Überfall marodierender Wikinger auf ein Dorf abgelegt wurde, dürfte es in der heutigen Zeit nicht sonderlich sinnvoll sein.

Allerdings kann es sich als äußerst hinderlich erweisen, wenn es etwa dazu führt, dass ein junges Mädchen heftige Unterleibsschmerzen bekommt, sobald es muskulöse, blonde Männer sieht.

Wenn der Therapeut dann aufgrund der in der Black-Box gegenwärtigen Irrationalität das eigentliche traumatische Erlebnis der Vergewaltigung durch die Wikinger aufspürt und durch die Therapie den Inhalt aus der Black-Box in die

White-Box umspeichert, verschwindet auch die unbewusste Steuerung.

Leider haben sich in der Black-Box über die Äonen von Jahren viele solcher Notprogramme angesammelt, die in der Gegenwart nicht helfen, sondern behindern. Und hier kommt dann der Reinkarnationstherapeut ins Spiel, der dem Besitzer des Datenspeichers dabei hilft, das Chaos zu sortieren.

Versäumnisse

Was bei Rückführungen immer wieder zu Tage tritt, sind Versäumnisse, etwas zu Ende zu bringen, oder dass man sich um das Wohlergehen der Zurückbleibenden nicht rechtzeitig gekümmert hat.

Es gibt auch immer wieder Klienten, die unter dem dauerhaften Gefühl leiden, etwas versäumt zu haben. Das kann dann zu regelrecht zwanghaftem Verhalten führen.

Rainer G. beispielsweise hatte Probleme mit offenem Feuer. Er liebte flackernde Kamine, saß gern am Lagerfeuer, fand Kerzen sehr romantisch, aber er trieb seine Umgebung regelrecht in den Wahnsinn, weil er ständig zwanghaft sicherstellen musste, dass solche offenen Feuer, wenn sie gelöscht worden waren auch wirklich aus waren und nicht vielleicht noch irgendwo ein winziger Rest von Glut herum lag.

Es ging so weit, dass er, wenn er mit Rauchern zusammen war, zum Beispiel beim Verlassen der Kneipe noch einen Getränkerest in den Aschenbecher schüttete, „damit nichts passieren kann".

Bei der Rückführung fand er heraus, dass in einem Leben vor mehr als 6000 Jahren irgendwo in Mitteleuropa durch sein Verschulden das ganze Dorf, in dem er damals lebte, abgebrannt war.

In Rainer G.'s Haus, das überwiegend aus Holz und Stroh bestand, war die Feuerstelle, an der er an Werkzeugen arbeitete, in Betrieb, als ein Nachbar aufgeregt angelaufen kam und meldete, dass alle Männer des Dorfes sofort zur Jagd aufbrechen müssten, da eine große Herde von Auerochsen in der Nähe des Dorfes vorbeizöge.

Begeistert griff sich Rainer G. seine Jagdwaffen, ließ alles stehen und liegen und ging mit.

Als die Männer mit guter Beute zurückkamen, liefen ihnen entsetzte Frauen und Kinder entgegen und sie sahen die abgebrannten Reste des Dorfes.

Was war passiert? Die Familie von Rainer G. war, wie die meisten Frauen und Kinder des Dorfes bei der Feldarbeit gewesen, als die Männer zur Jagd aufbrachen. Plötzlich kam ein starker Wind auf, der in der Feuerstelle die Flammen hoch auflodern ließ, wodurch die Hütte Feuer fing.

Die Dorfbewohner, die sich noch im Dorf befanden, konnten allein das Feuer nicht löschen, der Wind blies die Flammen auch zu den anderen Hütten.

Als Rainer G. bei seiner Rückkehr ins Dorf sah, was geschehen war, schwor er sich, nie wieder wegzugehen, wenn irgendwo auch nur das kleinste Fünkchen von Feuer war. Diesem Schwur war er bis heute gefolgt.

Nach der Rückführung wurde der Umgang mit offenem Feuer bei Rainer G. wesentlich entspannter.

Todeserfahrung

Viele Menschen haben Angst vor dem Tod. Der hauptsächliche Grund dafür ist natürlich, dass wir seit hunderten von Jahren gelehrt wurden, dass mit dem Tod alles zu Ende ist.

Tatsächlich aber – und das kann jeder bestätigen, der bei einer Rückführung ein Todeserlebnis erfahren hat – ist Tod lediglich der Übergang zu einem Neuanfang. Schließlich ist es nicht die Seele, die stirbt, sondern nur der Körper, die materielle Hülle.

Das ist nicht anders als das Auto, das auf den Schrottplatz kommt. Der Fahrer dieses Autos stirbt nicht, sondern kauft sich ein neues Auto.

Die Erfahrung des Sterbens wird während der Reinkarnationstherapie immer wieder gemacht.

Was alle diese Erlebnisse gemeinsam haben, ist das sich aus dem Körper Loslösen der Seele, die ohne körperliche Schmerzen die materielle Hülle verlässt, unterschiedlich weit oberhalb des Körpers verharrt und von dort aus beobachtet, was mit ihrem Körper weiter geschieht.

Kerstin J., von der bereits die Rede war, blieb, als sie auf dem Scheiterhaufen angebunden und das Feuer angezündet worden war, nur recht kurze Zeit in ihrem den Flammen ausgesetzten Körper. In dem Augenblick, als sie Schmerzen ihr Bewusstsein erreichten und sie erkannte, dass sie sterben würde, verließ die Seele den Körper und betrachtete das Verbrennen von oben aus einiger Entfernung.

Während der Sitzung erklärte sie der Therapeutin, dass sie in dem Augenblick, als sie den Körper verlassen hatte, keinerlei Schmerzen mehr empfand, sondern stattdessen ein regelrechtes Glücksgefühl, ein Gefühl von Freiheit und die Gewissheit, dass sie als Seele unsterblich sei.

Normalerweise wird die Seele in der Nähe des toten Körpers bleiben, bis er ordnungsgemäß bestattet wurde, wonach dann aber relativ schnell das Interesse an dem toten Körper erlischt, und sie zieht weiter. Es gibt aber auch Situationen, wo die Seele an dem Ort regelrecht festgenagelt ist, wo ihr Körper starb.

Sebastian K. hatte solch ein Erlebnis. Er hatte im 13. Jahrhundert in Burgund gelebt. Auf einer Reise zu Pferde nach Flandern gerieten er und seine Leute irgendwo in der Champagne in den Hinterhalt einer Räuberbande.

Er erhielt einen Schlag mit einer Keule auf den Kopf, wodurch er bewusstlos wurde. In dieser Bewusstlosigkeit blieb er einige Tage, bis er an dem durch den Schlag erlittenen Schädelbruch starb.

In dem Moment, als die Seele den Körper verließ, erlangte er sein Bewusstsein zurück und sah seinen Körper mit eingeschlagenem Schädel auf dem Waldweg liegen.

Sebastian K. war unfähig, sich von seinem Körper zu entfernen und blieb an diesem Ort bis der Körper tatsächlich völlig verschwunden war. Er sah zu, wie Tiere ihn zerfraßen und Teile wegschleppten und erst nach fast fünf Jahren war er fähig, sich von diesem Ort seines Todes zu entfernen.

Der Grund dafür stellte sich dann in der Rückführung heraus. In dem Augenblick, als ihn die Keule des Räubers traf, sagte der „Der kann hier bleiben, bis er verrottet ist!".

Aber auch ein Versprechen, das jemand seiner Familie gegeben hat, kann dazu führen, dass er sehr lange Zeit an Ort und Stelle bleibt.

Heike B. war in einem früheren Leben ein Mann gewesen, der in Russland im 18. Jahrhundert der Besitzer eines Gutes war und eine große Familie hatte, die er sehr liebte. Auf seinem Totenbett versprach er seiner Familie, dass er immer über sie und das Gut wachen werde, egal, was geschehe.

Heike B. blieb – körperlos – tatsächlich dort, bis gegen Ende des 19. Jahrhunderts auch der letzte Nachkomme ihrer Familie das Gut verlassen hatte und es verkauft worden war. Erst dann zog sie weiter und wurde in Deutschland wieder geboren.

Die Wiedergeburt

Auch der Eintritt in einen neuen Körper bei der Wiedergeburt ist ein Geschehnis, das bei einer Rückführung immer wieder auftaucht.

Es kommt immer wieder vor, dass ein Klient sich genau daran erinnert, wie er überlegt hat, zu welcher Familie er gehen will, um einen optimalen Start zu haben, oder gar, weil er sich mit jemandem verabredet hat.

Der Fall von Carmen Z. ist dafür ein gutes Beispiel. Carmen Z. hatte immer ein sehr inniges Verhältnis zu ihrem Vater gehabt, den sie sehr bewunderte. Wie viele kleine Mädchen hatte sie auch immer den Wunsch, wenn sie groß wäre, einmal ihren Vater zu heiraten und verglich später ihre männlichen Bekannten immer mit ihrem Vater.

Ihr Vater seinerseits passte regelrecht eifersüchtig auf, dass sie nicht an den, wie er meinte, falschen Mann geriet. Carmen C. heiratete dann auch tatsächlich einen Mann, der ihrem Vater in Art und Aussehen sehr ähnlich war.

Als ihr Vater dann plötzlich an einem Herzinfarkt starb, brach sie regelrecht zusammen und kam aus ihrer Trauer nicht mehr heraus.

Sie hatte ständig das Gefühl, ihn betrogen zu haben.

In der Reinkarnationstherapie stellte sich dann heraus, dass Carmen C. Anfang des 20. Jahrhunderts sehr glücklich verheiratet war. Als ihr Mann im ersten Weltkrieg an die Front musste, versprachen sich die beiden, dass sie, sollte er im Krieg fallen, sich als Seelen niemals trennen würden.

Der Mann von Carmen Z. fiel bei der Schlacht an der Somme, während sie erst in den fünfziger Jahren starb.

Nach ihrem Tod suchte sie lange nach ihrem Mann, bis sie ihn fand. Er hatte wieder einen Körper angenommen, war verheiratet und seine Frau erwartete ihr erstes Kind.

Da sie ihr Versprechen einhalten wollte, inkarnierte Carmen Z. als Tochter ihres ehemaligen Ehemannes.

Tragisch kann es werden, wenn sich Freunde oder Liebende für ihr nächstes Leben verabredet haben, tatsächlich in derselben Zeit inkarnieren, sich auch treffen, aber entweder Geschwister sind oder dem falschen Geschlecht angehören.

In so einer Situation befanden Gisela und Karl-Heinz D., die Geschwister waren. Sie hatten ein besonders inniges Verhältnis zu einander, und da sie nur ein Jahr auseinander waren, gingen sie auch viel gemeinsam aus. Häufig hielt man sie sogar für ein Paar. Sie waren unzertrennlich und keiner der beiden war fähig, eine Beziehung einzugehen.

Gisela D. nahm an einer Rückführung teil, weil sie sich daraus einen Hinweis auf mögliche Gründe für dieses seltsame Verhältnis zwischen ihr und ihrem Bruder erhoffte.

Dabei stieß sie sofort auf ein Leben vor etwa fünfhundert Jahren in Norditalien, wo sie und ihr Bruder ein Ehepaar gewesen waren, das bis ans Lebensende sehr glücklich miteinander gelebt hatte. Sie hatten einander versprochen, auch im Tode vereint zu sein, und dass sich ihre Seelen niemals trennen würden.

Als Karl-Heinz D. in jenem Leben starb, folgte ihm Gisela D. nach nur fünf Tagen.

Auch Karl-Heinz D. nahm an einer Rückführung teil, in der sich die Erzählungen seiner Schwester vollkommen bestätigten. Sowohl Gisela als auch Karl-Heinz D. entschieden sich nach der Rückführung bewusst dafür, weiterhin als Geschwister zusammen zu bleiben, da ihnen ihre Seelenfreundschaft wichtiger war, als getrennt andere Partner zu heiraten.

Eine Reinkarnation muss aber nicht nur tragische Konsequenzen haben.

Renate und Günther E. waren seit mehr als zwanzig Jahren ein ausgesprochen glückliches Paar. Sie schienen gegenseitig ihre Gedanken lesen zu können und strahlten eine unglaubliche Harmonie aus. Sie waren Nachbarskinder und keiner von beiden hatte vor ihrer Ehe eine andere Beziehung gehabt.

Bei einer Rückführung, zu der Günther E. sich von seiner Schwester hatte überreden lassen, kam heraus, dass er und seine Frau Renate vor mehr als 300 Jahren schon einmal verheiratet waren, und zwar genau so glücklich wie dieses mal.

Günther E. war vor seiner Frau gestorben und hatte aus Gründen, die sich nicht finden ließen, die Gegend, in der die beiden lebten, verlassen. Seitdem hatte er seine Frau „gesucht", bis er sie in diesem Leben fand. Und sie hatte mit einer neuen Inkarnation gewartet, bis ihr Mann wieder da war.

Nachwort

Der Titel dieses Buches lautet „Tausend und ein Leben". Es könnte aber genauso gut heißen „Tausend Tode".

Ein Leben endet nun einmal mit dem Tod. Doch man darf dabei nicht vergessen, dass es der Körper ist, der stirbt, nicht die Seele. Die Seele ist unsterblich. Und die Seele ist das „ICH".

Wer bei Rückführungen schon durch vergangene Tode und darauf folgende Geburten gegangen ist, weiß dass der Tod nicht das Ende ist, sondern der Abschluss eines Lebens, dem ein neues folgt. Der Tod verliert seinen Schrecken.

Das bedeutet nicht, dass Sterben etwas Schönes ist. Es ist immer mit Verlust, Trauer und Abschiednehmen verbunden, oft mit Leiden und Schmerzen, und manchmal auch mit Wut und Rachegelüsten.

Doch das Bewusstsein, nach dem Tod wiedergeboren zu werden, ist tröstlich. Es geht weiter – mit dem nächsten Leben. Die Tatsache, dass wir immer wieder auf die Welt kommen, gibt uns das Bewusstsein, das WISSEN, dass nach dem Tod nicht alles vorbei ist, sondern dass es weiter geht.

Fast ausnahmslos jeder, der sich einer Rückführung unterzogen hat stellt fest, es geht weiter. Und der Tod verliert seine Schrecken, denn man weiß nun, es ist nicht endgültig vorbei, sondern der Tod ist nur ein Übergang von einem Leben zum anderen.

Wir alle sind unsterblich.

Bereits erschienen:

Ayliannha

Hexenkosmetik

ISBN 3-8311-3495-2